Florian Bredl
Kunden aus der Hölle

PIPER

Zu diesem Buch

Kunde: »Eine Prepaid-Karte für 15 €, bitte.«
Ich: »Gerne, macht dann 15 €.«
Kunde: »Kann man da preislich noch was machen?«

Kunden und Dienstleister eint und spaltet eine über Jahrhunderte gewachsene Zwangspartnerschaft. Egal ob Ladentheke oder Internetshop, es klafft eine Kluft zwischen beiden Lagern, die oft nur durch den Einsatz größten Feingefühls zu überwinden ist. Dieses Feingefühl aufzubringen ist Aufgabe des Service-Mitarbeiters an Hotline, Verkaufstresen und Schreibtisch. Keine einfache Aufgabe in einer traditionell schwierigen Beziehung, voll von Missverständnissen, Kompromissen – und verdammt witzigen Situationen.
Dieses Buch versammelt die schönsten Beispiele missglückter Kommunikation aus verschiedenen Branchen. Garantiert wahr und erlebt von vielen Kundengeschädigten in ganz Deutschland.

Florian Bredl arbeitet als Webdesigner in einer großen deutschen Werbeagentur in Hamburg.
Aus psychohygienischen Gründen startete er seinen Blog kunden.ausderhoelle.de, in dem er die Erfahrungen mit seinen Kunden verarbeitet und anderen eine Plattform bietet, um Gleiches zu tun.

Florian Bredl

Kunden aus der Hölle

Irrsinniges aus der Service-Welt

Mit 15 farbigen Illustrationen von Florian Bredl

Piper München Zürich

Mehr über unsere Autoren und Bücher:
www.piper.de

MIX
Papier aus verantwor-
tungsvollen Quellen
FSC® C083411

Originalausgabe
1. Auflage Dezember 2011
2. Auflage Dezember 2011
© 2011 Piper Verlag GmbH, München
Umschlagkonzeption: semper smile, München
Umschlaggestaltung: Bauer + Möhring, Berlin
Umschlagabbildung: Florian Bredl
Innenillustrationen: Florian Bredl
Satz: Kösel, Krugzell
Gesetzt aus der TheSerif
Papier: Munken Print von Arctic Paper Munkedals AB, Schweden
Druck und Bindung: CPI – Clausen & Bosse, Leck
Printed in Germany   ISBN 978-3-492-27303-9

Inhalt

Vorwort	7
An der Ladentheke	13
»Funktioniert die Digitalkamera eigentlich mit Strom oder elektrisch?«	
Am Computer	43
»Schicken Sie mir die Datei bitte im geöffneten Zustand zu.«	
In der Werbung	69
»Können wir das Rot etwas grüner haben?«	
Im Internet	119
»Wir wollen auf keinen Fall in das Internet, wo schon alle sind, wir dachten da an etwas Exklusiveres!«	
Die Kollegen	137
»Okay, aber man braucht einen Computer, um sich die Webseite dann anzusehen, oder?«	
Aufruf	157
Danksagung	159

Vorwort

Im täglichen Leben gibt es zwei Personengruppen, die unweigerlich aufeinandertreffen und durch eine über Jahrhunderte, ja sogar Jahrtausende gewachsene Zwangspartnerschaft geeint wie gespalten werden. Die Rede ist von Kunden und Dienstleistern. Egal ob Ladentheke oder Internetshop, es klafft offensichtlich eine schier unüberwindbare Kluft zwischen beiden Lagern, die oft nur unter Einsatz größten Feingefühls aufseiten der Dienstleister zu meistern ist. Es ist eine schwierige Beziehung, voll von Missverständnissen, Kompromissen – und verdammt witzigen Situationen.

Heute, da viel über das Telefon und Internet, also ohne den direkten Kontakt, geregelt wird, gibt es zusätzliche Stolperfallen, die in der persönlichen Begegnung geschickt umgangen werden könnten. Aber auch nicht immer, wie wir aus Erfahrung wissen. Dennoch, die virtuelle Kommunikation zwischen den Parteien macht das Ganze nicht gerade einfacher. Eine fehlinterpretierte E-Mail, ein falsches Wort während eines Telefonats oder auch nur der unpassende Moment des Anrufs, und der mittelgroße Skandal ist so gut wie vorprogrammiert. Doch nicht nur hier lauern Gefahren. Wenn es sich bei einer gemeinsam zu erarbeitenden Ultima Ratio um einen komplexen Sachverhalt wie eine Webseite oder ein Druckprodukt handelt, gerät die Situation schnell außer Kontrolle, denn heute sind, dank Internet, angeblich alle Profis. Das stimmt so natürlich nicht, aber wie erklärt man das einem in Rage geratenen Kunden, der mithilfe von Google gerade irgendwo das Gegenteil dessen gelesen hat, was man ihm wortreich darzulegen versucht? Wie bietet man ein Produkt an, das wegen unzufriedener Kunden in einschlägigen Foren verrissen wird, auch wenn die User verdächtig nach Konkurrenz klingen? Und wie erklärt man einem Kunden, dass der Browser keine Brause ist, der Explorer kein Exploder und Photoshop weder Browser noch Explorer ist und schon gar nicht braust und explodiert? Alles schon vorgekommen. Wer täglich Kundenkontakt hat, weiß davon ein Lied zu singen und wird sicherlich bei der einen oder anderen Geschichte zustimmend mit dem Kopf nicken.

Als Mitarbeiter einer großen deutschen Werbeagentur bekomme ich tagtäglich hautnah mit, wie schwierig es sein kann, Kunden von einem guten Produkt zu überzeugen. Welcher Aufwand für den Dienstleister dahintersteckt, ist den meisten Leuten gar nicht klar. In der Werbung zählt mehr als in vielen anderen Branchen nämlich zunächst die Idee. Die Idee ist der entscheidende Faktor, ob eine Kampagne, ein Werbespot, eine Anzeige gut funktionieren oder sang- und klanglos in der Masse untergehen. Für diese »Goldideen« reiben sich ganze Teams, bestehend aus den kreativsten Köpfen der Branche, regelrecht auf. Man schiebt Nachtschicht um Nachtschicht, macht Skizzen und Moodboards, erdenkt ganze Welten und Szenarien, um am Ende alles zu verwerfen und von vorn zu beginnen. Nur um sicherzugehen, dass man bei der Präsentation für den Kunden auch wirklich die allerbeste Idee am Start hat. Das Schreiben von Kundenpräsentationen ist dabei zu einer Art Kunstform herangereift, in der jedes Wort auf alle erdenklichen Interpretationsmöglichkeiten hin geprüft und dreimal neu getextet wird. Der Kunde soll sofort die richtigen Bilder im Kopf haben und gar nicht erst die Chance bekommen, etwas falsch zu deuten. Wenn dieser langwierige und kräftezehrende Prozess dann in den Morgenstunden vor der Präsentation beendet ist, ist man zwar immer noch nicht wirklich zufrieden, weil man ständig das Gefühl hat, etwas übersehen zu haben, etwas noch besser texten zu können. Aber Termin ist Termin.

Vorwort 9

Und so macht sich ein kleines, längst koffeinresistentes Team aus Spezialisten auf, dem Kunden die Idee unter Aufbietung der letzten Kräftereserven, aber mit vollem Einsatz zu präsentieren. Als Belohnung für diesen Marathon sollte es dann im Idealfall einen glücklichen, überzeugten Kunden und somit die Erteilung des Auftrags geben. Doch manchmal kommt zwei Wochen später auch einfach nur eine E-Mail: »Hat uns nicht überzeugt.«

Genau solche ernüchternden Situationen und die Tatsache, dass es weltweit nur wenige und in Deutschland gleich gar keine Blogs zum Thema Kunden vs. Dienstleister gab, veranlassten mich dazu, den Blog »Kunden aus der Hölle« und später auch die dazugehörige Facebook-Gruppe zu gründen. Anfangs als Ventil zur Verarbeitung selbst erlebter Traumata erdacht, wuchs das Interesse der geneigten Leserschaft rapide. Schon bald sandten die Menschen mir ihre eigenen Geschichten aus den verschiedensten Dienstleistungsbereichen. Das war großartig, denn endlich fühlte sich keiner mehr so allein mit all diesen frustrierenden und teilweise hirnrissigen Erlebnissen. Alles relativierte sich ein wenig, denn fast jeder hatte eine noch schlimmere Geschichte parat als man selbst. Oft schlug so die Stimmung von »zum Haareraufen« um in haltloses Gelächter, und statt Tränen der Verzweiflung liefen mir plötzlich die Lachtränen übers Gesicht.

Mit der Zeit wuchs eine recht beachtliche Sammlung an kurzen Texten heran, die in diesem Buch ihren verdienten Platz erhalten sollen. Schwarz auf weiß und vor allem originalgetreu kann man sich hier von den Leiden des Dienstleistertums bei der täglichen Arbeit am und mit dem Kunden überzeugen.

Da das persönliche Erleben des Dienstleisters bei allen dokumentierten Dialogen im Mittelpunkt steht, redet im Blog und in diesem Buch immer ein »Ich« mit einem »Kunden«. Dieses »Ich« bin nicht immer ich selbst, auch wenn ich mich ihnen allen eng verbunden fühle in ihrem Kampf mit den Höllenkunden.

Trotz allem Spott – dieses Buch soll nicht spalten, sondern vereinen, was doch zusammengehört. Denn ohne den Kunden würden die Dienstleister schlecht dastehen. Und auch König Kunde hätte keinen Freund und Helfer in der Not oder gar den Dummen, der so manches Mal dafür herhalten muss, wenn er am Morgen mit dem falschen Bein aufgestanden ist. Vor allen Dingen aber sollen die kleinen Geschichten eine Menge Spaß machen.

Neben dem Kunden gibt es noch eine andere Gattung der Widersacher im täglichen Berufsleben: die lieben Kollegen. Sie bekommen im letzten Kapitel des Buches ihr Fett weg, denn sie machen einem das Leben auch nicht immer einfacher – ganz im Gegenteil. Tatsächlich erwies sich das Bedürfnis nach einer Abrechnung mit den Mitstreitern als weitaus größer als gedacht. Im Lauf der Zeit bekam ich immer mehr Geschichten zugesandt, die sich nicht um den Ärger mit Kunden, sondern vielmehr mit Kollegen drehten. Wenn Mitarbeiter X zum tausendsten Mal die gleiche Frage stellt – die man gerade des Langen und Breiten einem renitenten Kunden erklärt hat –, kann das an die Substanz gehen. Somit war der Schwesterblog »Kollegen aus der Hölle« schnell geboren. Für viele ein begrüßenswertes Ventil und für die Leserschaft eine willkommene Fortführung an lustigen und abstrusen Geschichten.

Ich selbst war in meinem Berufsleben immer mit wirklich sympathischen Kollegen gesegnet, und ich hoffe, dass das in Zukunft auch so bleiben wird. Falls nicht, weiß ich schon, welche Lektüre ich empfehle.

An der Ladentheke

Einst trafen Kunden und Verkäufer sich auf den Basaren und Märkten. Da wurde gehandelt, wehgeklagt, gelacht, gezecht oder gar bedroht. Kundennähe im wahrsten Sinn des Wortes und für die meisten heutzutage vielleicht ein bisschen zu viel des Guten. Dagegen bietet eine Ladentheke eine gesunde Distanz – meint man.

Im Zeitalter der elektronischen Kommunikation wird der persönliche Kontakt immer seltener. Schade eigentlich, denn im Grunde ist die zwischenmenschliche Begegnung doch etwas Schönes. Allerdings sind es nur selten Sympathiebekundungen, der empfundene Dank für die lange Beratung oder die Begeisterung für ein gekauftes Produkt, die einen Kunden dazu bringen, sich erneut auf den Weg in den Laden zu begeben. Mit Höflichkeitsbesuchen hat das Ganze schon gar nichts gemein. Deshalb gilt: Wenn es erst einmal so weit gekommen ist, dass der Kunde tatsächlich im Laden steht, gibt es keinen Ausweg mehr. Man ist den bohrenden Fragen, prüfenden Blicken und ungläubigen Kommentaren schutzlos ausgeliefert. Es gibt auch keine Bedenkzeit wie beim Antworten auf eine E-Mail, man ist sofort gefordert und muss mit seinem ganzen Fachwissen und dem nötigen Respekt alle Fragen und Wünsche des Kunden zu seiner vollsten Zufriedenheit erfüllen. In manchen Momenten fragt man sich vielleicht, warum der Kunde überhaupt den Laden betreten hat. Manchen möchte man gar unterstellen, nur einen Ort gesucht zu haben, um der schlechten Laune freien Lauf zu gewähren. Denn egal, wie ausführlich man berät und welche Erklärungen man bietet, er gibt sich mit nichts zufrieden. Da wäre es einem dann doch lieber gewesen, der Kunde hätte irgendwo online bestellt und sich anschließend an die dortige Hotline gewandt.

All die folgenden Geschichten sind authentisch, wortgetreu so erlebt von mir selbst und anderen, die den Blog mitgestaltet haben. Auch wenn so manche Begebenheit nur so strotzt vor Ignoranz und unfreiwilliger Komik. Egal wie abstrus die Fragen des Kunden auch sein mögen, als Dienstleister sollte man immer freundlich und verständnisvoll bleiben und gleichermaßen antworten. Selbst wenn der Kunde im Elektrogeschäft nach Rattengift fragt. Und so sollte man sein Bestes geben, um König Kunde zufriedenzustellen, denn eine alte Weisheit besagt: Nicht der Chef bezahlt die Mitarbeiter, sondern der Kunde. Und wenn er wieder weg ist, kann man immer noch in die Tischkante beißen oder abends beim Bier eine gute Geschichte erzählen.

>> Die Uhr

Kunde (im Anzug, schaut sich suchend um):
»Wo sind denn Ihre Uhren ausgestellt?«
Ich: »Uhren? Wir sind ein Telekommunikationsgeschäft.«
Kunde: »In Ihrem Schaufenster sind Uhren abgebildet.«
Wir verlassen das Ladenlokal.
Kunde: »Schauen Sie – hier!«
Ich: »Das ist eine iPhone-Werbung, und das ist das Symbol für die Uhrfunktion des iPhones. Wir verkaufen ja auch keine Zahnräder oder Sonnenblumen.«
Kunde: »Aha. So so.«

>> Die Uhr II

Kunde: »Können Sie mir sagen, wie spät es ist?«
Ich: »Ja.«
Kunde: »Vielen Dank.« (geht)

Im Autohaus

Kunde (aufgeregt): »Mein Auto ist kaputt.
Da stand eine komische Fehlermeldung im
Dispo-Inflay.«

Ich: »Sie meinen wohl das Info-Display.
Was stand denn dort genau?«

Kunde: »Da stand Meet Me Halfway.«

Ich (setze mich ins Fahrzeug und zeige auf das
zentrale Fahrzeug-Display): »Und da stand Meet
Me Halfway?«

Kunde: »Nein, da!« (zeigt aufs Radio-Display)

Ich: »Aha, Sie hören also gerne Black Eyed Peas?«

Kunde: »Oh …«

›› Öffnungszeiten

Kunde: »Was, Sie schließen schon? Es ist doch noch hell!«

›› Öffnungszeiten II

Kunde: »Wie lange haben Sie denn heute offen?«
Ich: »Bis 20 Uhr.«
Kunde: »Also, ich könnte um ca. 20.40 Uhr bei Ihnen sein, haben Sie da noch auf?«
Ich: »Wir schließen um 20 Uhr.«
Kunde: »Wenn ich mich beeile, schaffe ich es bis halb neun!«
Ich: »Auch das ist leider zu spät, wir schließen um 20 Uhr.«
Kunde: »Gibt's da keine Toleranzgrenze?«

In der Buchhandlung
Kunde: »Ich suche eine Neuerscheinung über Alzheimer.«
Ich: »Von welchem Autor?«
Kunde: »Hab ich vergessen.«

 ### Von Herzen
Ich: »Soll ich Ihnen das Buch als Geschenk einpacken?«
Kunde: »Nein danke, das bringe ich nur meiner Mutter mit.«

 ### Auflage
Kunde: »Haben Sie dieses Buch nur in der 4. Auflage?«
Ich: »Ja, das ist die aktuelle Auflage.«
Kunde: »Ach so. Ich würde eigentlich gerne am Anfang beginnen.«

❯❯ Nazis

Kunde: »Ich suche das Buch *Nazis in Dortmund* von Hermann Hesse.«
Ich: »Meinen Sie *Narziss und Goldmund*?«

❯❯ Happi happi

Kunde: »Ich suche Bücher zum Thema Grillen. Aber Grillen happi happi und nicht zirp, zirp.«

❯❯ Ferien ohne Bakterien

Kunde (will DVD abholen): »Ich hatte den Film *Ferien auf Sagrotan* bestellt.«
Ich: »Sie meinen *Ferien auf Saltkrokan*?«

Im Licht besehen

Kunde (bei der Abnahme einer leuchtenden Ladenbeschriftung): »Generell schön, aber ich mag nicht, wie hell das Bild aussieht, wenn das Licht an ist.«
Ich: »Das ist es, was Licht tut, es macht Dinge heller. Ich habe Sie davor gewarnt, bevor wir das Schild produziert haben.«
Kunde: »Können Sie es weniger hell machen?«
Ich: *mache das Licht aus*

Am Apparat

Kunde: »Ich hätte gerne Frau Maier gesprochen.«
Ich: »Am Apparat.«
Kunde: »Oh, na dann rufe ich später noch mal an.« – Legt auf

Fähnchen

Kunde: »Sagen Sie mir doch bitte die Größe des Fähnchens. Haben Sie ein Muster da?«
Ich: »Nein, aber haben Sie nicht eines in Ihrem Büro?«
Kunde: »Ja.«
Ich: »Haben Sie ein Lineal?«
Kunde: »Natürlich.«
Ich: »Benutzen Sie doch mal das Lineal mit dem Fähnchen.«
Kunde: »Hervorragende Idee.«

 ## Fahne

Kunde: »Ich hätte gern eine Fahne in der Größe 85 Zentimeter mal 2 Meter.«
Ich: »Kein Problem. Es gibt Standardgrößen bei Fahnen. Für Ihren Wunsch passt zum Beispiel die Größe 900 mm × 2000 mm.«
Kunde: »Um Gottes willen! Das ist ja viel zu groß! Wollen Sie mir das Geld aus der Tasche ziehen?«

Ladentheke 25

⟫ Gutschein

Kunde: »Ich habe einen Gutschein geschenkt
bekommen. Ich habe ihn nicht dabei. Ich weiß
nicht, was draufsteht. Und er ist nicht von Ihnen.
Er ist so rechteckig. Nehmen Sie den?«

⟫ Flugzeit

Kunde: »Wir möchten uns beschweren. Wir sind
nach Barcelona geflogen, und sowohl auf dem
Hin- als auch auf dem Rückflug hat der Flieger
fast zehn Stunden gebraucht. Letztes Mal, als wir
nach Barcelona geflogen sind, waren es nur zwei
Stunden!«
Ich: »Das tut mir wirklich leid, aber Sie waren
zwei Wochen in Barcelona in Venezuela.«

Handel

Kunde: »Ich hätte gern eine Prepaid-Guthaben-karte für 15 Euro, bitte.«
Ich: »Gerne, das macht dann 15 Euro.«
Kunde: »Kann man da preislich nicht noch was machen?«

CD-Rohlinge

Kunde: »'tschuldigung, wo stehen denn die CD-Rohlinge?«
Kollege (gestresst): »CD? Rohlinge? Die Roh-linge? Schauen Sie doch mal unter Deutschrock nach!«

Post

Kunde: »Hallo, ich würde gern diese Briefe abgeben.«
Ich: »Kein Problem, legen Sie sie da hin.«
Kunde: »Ja, aber das sind Expressbriefe!«
Ich: »Ah, Sie wollen diese verschicken?«
Kunde: »Ja!«
Ich: »Nun ja … Dann müssen Sie aber zur Post gehen.«
Kunde: »Ah, das ist hier keine Post?«
Ich: »Nein. Wir sind eine Druckerei«

MP3-CD

Kunde: »Ich hätte gern einen MP3-Player, wo man CDs reintun kann.«

Ich: »Also einen Discman mit MP3-Wiedergabe.« Zeige verschiedene Modelle.

Ich: »Der Vorteil eines digitalen MP3-Players ist, dass Erschütterungen keine Aussetzer produzieren.«

Kunde: »Nee, ich mag lieber einen normalen – ich weiß nicht, wie man die CDs falten kann, damit sie in den digitalen da reinpassen …«

Am Telefon

Ich: »Leider kann ich Sie in der Kundendatenbank nicht finden.«

Kunde: »Vielleicht habe ich das auch auf den Namen meiner Frau bestellt – Gisela.«

Frauenstimme aus dem Hintergrund: »Gabriele!«

Servicecenter einer Buchhandelskette
Kunde: »Ist das Buch *Klosterheilkunde* vorrätig?«
Ich: »In welcher Filiale möchten Sie denn vorbeikommen?«
Kunde: »Ganz egal, wo es vorrätig ist.«
Ich: »Von wo aus rufen Sie denn an?«
Kunde: »Ich bin gerade bei meiner Verlobten.«
Ich: »In welcher Stadt wohnen Sie denn?«
Kunde: »Ich wohne nur fünf Minuten außerhalb.«
Ich: »Außerhalb von wo?«
Kunde: »Von der Innenstadt.«

———————

Siedrich
Ich: »Können Sie Ihren Namen bitte buchstabieren?«
Kunde buchstabiert.
Ich: »Mit S wie Siegfried oder mit F wie Friedrich?«
Kunde: »Ja genau, wie Siedrich!«

———————

Bedrohung
Ich: »Wir müssen die bisher entstandenen Kosten verrechnen.«
Kunde: »Bedrohen Sie mich?«

Digitalkamera
Kunde: »Funktioniert die Digitalkamera eigentlich mit Strom oder elektrisch?«

Anwalt

Ich: »Guten Tag, wie kann ich Ihnen weiterhelfen?«
Kunde (aufgeregt): »Ich brauche sofort einen Anwalt!«
Ich: »Sie sind hier bei einer Tageszeitung, wir haben hier keine Anwälte, nur Redakteure.«
Kunde (noch aufgeregter): »Sie sind doch meine Zeitung, ich bin seit 40 Jahren Abonnent, Sie müssen doch einen Anwalt für mich haben!«
Ich: »Das tut mir wirklich leid, wir haben nur einen Redakteur, der sich mit dem Thema etwas auskennt, aber leider kein Anwalt ist. Sie sollten sich an eine Kanzlei wenden.«
Kunde (im Rausrennen): »Ja, aber das kostet doch!!!«

ADS

Ich: »Wollen Sie eine Tüte oder eine Quittung?«
Kunde: »Ja.«
Ich: »Ja, was von beidem?«
Kunde: »Wie war noch mal die Frage?«

ADS II

Ich: »Brauchen Sie eine Tüte?«
Kunde: »Nein, danke ... Kann ich eine Tüte
bekommen?«

Frech

Ich: »Möchten Sie eine Tüte?«
Kunde: »Jetzt werden Sie mal nicht frech,
junges Fräulein!«

Rattengift

Kunde (betritt Elektrofachgeschäft): »Wo haben
Sie denn die Fahrräder?«
Kollege: »Dort hinten rechts, neben dem Arsen,
beim Rattengift.«

Ladentheke   33

Quadratisch

Kollegin: »Der Kunde will Autoaufkleber in folgendem quadratischen Format: 15 × 12 Zentimeter.«
Ich: »…«

Geschmack

Kunde: »Können Sie dieses Gericht empfehlen?«
Ich: »Ja, es schmeckt sehr gut, wir haben schon sehr viel davon verkauft.«
Kunde: »Sagen Sie das, weil es Ihr Geschäft ist oder weil es wirklich gut schmeckt?«

Lecker

Kunde: »Ich hätte gerne den Fisch mit den Nudeln.«
Ich: »Den haben wir nicht mehr.«
Kunde: »Den hatten Sie aber.«
Ich: »Ja, das war ein Angebot im Februar.«
Kunde: »Okay, und jetzt gibt es den nicht mehr?«
Ich: »Ja genau, jetzt gibt es den Fisch so, wie er auf der Speisekarte steht.«
Kunde: »Okay, dann nehme ich den Fisch mit den Nudeln.«
Ich: »…«

›› Tee

Ich zum Kunden: »Earl Grey oder Ceylontee?«
Kunde: »Darjeeling.«

›› Zu persönlich

Ich: »Welchen Browser benutzen Sie denn zu
Hause?«
Kunde: »Wir haben so 'nen coolen speziellen
Brausekopf in der Dusche, der wechselt die Farbe
je nach Temperatur, das ist total spitze … Aber
was geht Sie das eigentlich an?«

›› Maschinen

Kunde: »Entschuldigen Sie bitte, was ist denn
jetzt der Unterschied zwischen diesen beiden
Geräten?«
Ich: »Na ja, das eine ist ein Geschirrspüler und
das andere ist eine Waschmaschine.«
Kunde: »Aha, und was ist da jetzt besser?«

⟫ LSD

Kunde: »Wo sind diese LSD-Fernseher nun?«
Ich: »Schon mal 'nen LCD-Trip gehabt?«
Kunde: »…«

⟫ Gyros

Kunde: »Ich hätte gern Ihre leckere Gyrospizza.«
Ich: »Tut mir leid! Gyros ist heute leider komplett aus!«
Kunde: »Okay, dann nehme ich, hm, die Gyros-pfanne.«

⟫ Erfolg auf ganzer Linie

Kunde: »Guten Tag, ich bin selbstständiger Unternehmensberater und richte gerade eine Website ein, wie man sich erfolgreich selbst-ständig macht. Dafür brauche ich nun ein Maskottchen. Ich habe leider nur kein Geld.«

In der Buchhandlung

Kunde: »Ich möchte so schnell wie möglich Polnisch lernen. Wie geht das?«

Teuer

Kunde: »Was kostet diese Karte?«
Ich: »2,50 €.«
Kunde: »Und diese?«
Ich: »2,50 €.«
Kunde: »Und die?«
Ich: »Alle Karten kosten 2,50 €.«
Kunde: »Dann nehme ich diese zwei.«
Ich: »5 €, bitte.«
Kunde: »Oh, das ist aber teuer.«

Im Zoogeschäft

Kunde: »Ich habe ein weibliches und ein männliches Kaninchen. Nun ist das Weibchen so dick. Was könnte das sein?«
Ich: »Sie wird wohl schwanger sein.«
Kunde: »Nein, das kann nicht sein. Ich trenne sie nachts immer!«

Gesetz
Kunde: »Ich möchte genau das Teil aus dem Schaufenster. Ich habe ein Recht darauf, das steht im Gesetz!«

Schuhgrößen

Kunde: »Haben Sie die in 40?«
Ich: »Nein! Nur 35, 42 und 43.«
Kunde: »Auch keine 39?«
Ich: »Nein! Nur 35, 42 und 43!«
Kunde: »Vielleicht 38?«
Ich: »Nein! Nur, wie schon zweimal erwähnt, 35, 42 und 43!«
Kunde: »39,5?«

Schuh

Ich: »Und? Passt der Schuh?«
Kunde: »Nein, die Hose ist zu groß.«

Garantie

Kunde: »Wie lange Garantie auf die Schuhe?«
Ich: »Gibt keine Garantie auf Schuhe. Das ist ja keine Waschmaschine!«
Kunde: »Ach, wenn ich die Schuhe in der Waschmaschine wasche, gibt es dann Garantie?«

Bon

Ich: »Brauchen Sie einen Bon?«
Kunde: »Das wünsche ich Ihnen auch, auf
Wiedersehen!«
Ich: »...«

Baugenehmigung

Kunde: »Können wir an dem Haus nach der Bau-
genehmigung noch etwas ändern oder müssen
wir so bauen, wie es gezeichnet war?«
Ich: »Nein nein, wir lassen ein Haus genehmigen
und bauen ein völlig anderes – kein Problem!«
Kunde: »Ja?«
Ich: »Nein.«

Egal ob privat oder im Büro, heutzutage ist fast jeder auf den Computer angewiesen. Das ist eine gute Sache, denn der Computer eröffnet einem ungeahnte Möglichkeiten, vor allem wenn man mit diesem Gerät umzugehen und es zu nutzen weiß. Es sind nicht nur Word und Spiele, die in dem kleinen Kasten stecken. Ungezählte Programme liegen Tag für Tag brach, werden ein ganzes Computerleben lang niemals geöffnet. Wer sich auskennt, kann interaktive Präsentationen erarbeiten, hochauflösende Grafiken und Charts erstellen, Musik komponieren und Videos schneiden. Viele können und wollen das jedoch gar nicht. Oder sie meinen, sie können es, und machen sich damit selbst das Leben ziemlich schwer. Und nicht nur sich selbst. Angefangen vom Verkäufer im Laden, der das kleine Schwarze auf die Theke geknallt bekommt, weil es angeblich nicht funktioniert, bis hin zur Service-Hotline: Besondern brisant wird es, wenn der Kunde seinen Frust über die eigene Unfähigkeit ablässt, was naturgemäß besser mit einem lebendigen Gegenüber, sprich: dem Dienstleister gelingt. Fazit: Kunden und Computer sind eine denkbar schwierige Kombination.

Computer **45**

Grundlegend kann man Computernutzer dabei in drei Hauptkategorien unterteilen.

Der Pragmatische

Er eignet sich so viel Wissen über den Computer an, wie er benötigt, um seine Arbeit zu erledigen. Er weiß zwar nicht bis ins Detail, was in dem Kasten vorgeht, aber das braucht er auch nicht, solange er auf dem Bildschirm sieht, was er kriegt – und das, was er kriegt, auch zumindest annähernd das ist, was er haben will. Er versteht die grundlegenden Funktionsweisen eines Betriebssystems, sprich Dateien, Ordner anlegen, Speichern und Löschen. Auch ist er sich der Limitationen der einzelnen Programme bewusst und begreift, dass unterschiedliche Probleme unterschiedliche Software benötigen. Ein Großteil der Software auf dem Markt ist auf diesen Typ ausgerichtet, da er auf die meisten Nutzer zutrifft.

Der Resistente

Dieser Nutzer ist stur ergebnisorientiert. Er will sich auf keinen Fall mit einer Software auseinandersetzen, auch wenn er auf diese Weise relativ leicht das erwünschte Ergebnis erzielen könnte. Noch weniger möchte er sich Wissen über Computer aneignen. Dementsprechend schlecht kennt er sich aus. Er unterscheidet zum Beispiel nicht zwischen einer textbasierten oder bildbasierten Datei, hat vermutlich nicht mal davon gehört, und versteht erst recht nicht, warum er in der einen den Text einfach ändern kann, während das in der anderen nicht so einfach funktioniert. Er stößt ständig an seine Grenzen, und jede Limitation führt bei ihm sofort zur Frustration. Auch wenn er auf den Computer angewiesen ist und mit ihm täglich arbeitet, begreift er diese Limitationen nicht und fühlt sich vom Computer regelrecht missverstanden. Viele hochintelligente Menschen fallen in diese Kategorie.

Der Native

Er hat gelernt, wie ein Computer zu denken, und versteht genau, welche Prozesse im Computer vor sich gehen. Er benutzt meistens sehr einfache Software wie kommandozeilenbasierte Tools, um eine exakte Kontrolle über alles zu haben, was der Computer gerade macht. Wenn ein Problem auftaucht, passt er eher den Computer an das zu lösende Problem an statt das Problem an den Computer. Er arbeitet auf einer höheren Abstraktionsebene als der normale Nutzer.

Die meisten der folgenden Geschichten handeln von Kunden, die der zweiten Kategorie zuzuordnen sind: den Resistenten. Was die Beratung oder Hilfe nahezu unmöglich macht. Dass das Problem dabei nicht in der kleinen grauen Box unterm Tisch, sondern zwischen Bildschirm und Bürostuhl sitzt, wollen die meisten Resistenten einfach nicht wahrhaben. Schnell wird der Computer zum persönlichen Feindbild, macht er doch partout nicht, was der Kunde will. Großzügig wird ignoriert, dass der Computer keine eigene, feindlich gesinnte Persönlichkeit hat, sondern nichts als ein von – zugegeben: intelligenten – Menschen geschaffenes Hilfsmittel ist. Da hilft nur: Ruhe bewahren. Die höchste Tugend ist Geduld, heißt es so schön. Eine echte Herausforderung – zuweilen.

Herr Daemon

Kunde: »Hallo, könnt ich bitte den Herrn Daemon sprechen?«
Ich: »Bei uns gibt es keinen Herrn Daemon.«
Kunde: »Doch, er hat mir auf meine Mail geantwortet! Herr ›Mailer Daemon‹!«

Maus

Ich: »So, und wenn Sie eine Artikelbeschreibung ändern wollen, klicken Sie hier einfach auf ›Ändern‹.«
Kunde: »Okay, also einfach auf das Wort ›Ändern‹ klicken?«
Ich: »Genau.«
Kunde: »Mit der Maus?«

Scrollen

Kunde: »Die von Ihnen gelieferte Webseite ist fehlerhaft. Wenn ich die Seite nach unten scrolle, verschwinden alle Inhalte oben im Browser. Bitte ausbessern.«

Zu kurz

Ich: »Jetzt klicken Sie bitte auf den O.K.-Button oben links.«
Kunde: »Das geht nicht.«
Ich: »Es müsste funktionieren. Sie haben alle Felder ausgefüllt, ja?«
Kunde: »Ja. Es funktioniert trotzdem nicht.«
Ich: »Wo liegt denn genau das Problem?«
Kunde: »Das Kabel von meiner Maus ist zu kurz, ich komme damit nicht in die obere linke Ecke.«

WWW Mail

Kunde: »Meine von Ihnen eingerichtete E-Mail-Adresse www.name@kunde.de hat noch nie funktioniert!«
Ich: »Sie brauchen auch kein www vor eine E-Mail-Adresse zu schreiben.«
Kunde: »Was? Echt nicht? Aber ich mache das schon immer so.«

FTP

Kunde: »Ich hätte gerne die Zugangsdaten für unseren FPT-Server. Ich möchte etwas ändern.«
Ich: »Das würde ich Ihnen nicht empfehlen, ich würde die Verbesserungen lieber selbst durchführen. Für einen reduzierten Stundensatz pflege ich Ihnen die Änderungen ein.«
Kunde: »Nein, ich möchte die TFP-Zugangsdaten, ich weiß, was ich tue!«
Ich: *gebe ihm die FTP-Zugangsdaten*
Fünf Minuten später:
Kunde (aufgeregt): »Die Webseite ist kaputt!«

Apfel-Haha

Ich: »So, und nun müssen Sie Apfel und H drücken.«
Kunde: »Wo ist das?«
Ich: »Die Apfeltaste befindet sich unten neben der Leertaste, da war früher ein Apfelsymbol drauf – daher der Name.«
Kunde: »Ja, ja, weiß ich … Ich suche das H.«

Schallplatte

Kunde: »Dann bringe ich zu unserem Termin gleich alle benötigten Schallplatten mit.«
Ich: »Sie bringen Schallplatten mit?«
Kunde: »Ja, damit wir zusammen die Bilder aussuchen können.«
Ich: »Die Bilder sind auf Schallplatten?«
Kunde: »Ja, die hat mir der Mann aus dem Fotoladen so mitgegeben.«
Ich: »Kann es sein, dass es CDs sind?«
Kunde: »Ja, CD kann man auch dazu sagen.«

 ## E-Mail

Ich: »Wir schicken Ihnen heute Nachmittag ein PDF per E-Mail.«
Kunde: »Das geht nicht, ich bin gerade in Wien. Schicken Sie es bitte am Montag.«
Ich: »Aber das spielt doch bei E-Mails keine Rolle. Die bleiben so lange in Ihrem Postfach, bis Sie sie abrufen, egal wo und wann.«
Kunde: »Von mir aus, aber dann mailen Sie es bitte zweimal, ich möchte es meinem Partner auch noch schicken.«

» Update

Kunde (laut): »Welcher Dilettant hat Ihre Software eigentlich entwickelt?«

Ich: »Haben Sie ein Problem bei der Anwendung?«

Kunde: »Die Software lädt seit Stunden keine Updates!«

Ich: »Die Updates müssten eigentlich vollautomatisch heruntergeladen und installiert werden.«

Kunde: »Tut es aber nicht!« *Kraftausdruck!*

Ich: »Haben Sie die Programmeinstellungen denn…«

Kunde: »Und ins Internet komm ich auch nicht mehr. Seit gestern!« *Kraftausdruck!*

» Copy & Paste

Kunde: »Also, ich bin hier im Content Management System und will etwas kopieren und einfügen, so wie Sie es mir gezeigt haben. Wenn ich mit der rechten Maustaste klicke, steht da aber nicht ›Einfügen‹.«

Ich: »Haben Sie denn vorher etwas kopiert?«

Kunde: »Muss man das?«

Computer 53

Beleuchtung

Kunde: »Mein Internet und Telefon funktionieren nur abends.«
Ich: »Leuchten denn die Lampen am Router?«
Kunde: »Also tagsüber gar nicht. Abends glaube ich schon, aber das Telefon funktioniert abends auch nicht, sobald ich den Raum verlasse.«
Ich: »Kann es sein, dass Ihre Steckdose mit dem Lichtschalter ein- und ausgeschaltet wird?«
Kunde: »Ah, ähm ... Ich schaue selber noch mal nach dem Problem.« (legt auf)

Versionen

Kunde: »Ich brauche Software XY.«
Ich: »Auf welchem Betriebssystem soll sie denn laufen?«
Kunde: »Windows Vista.«
Ich: »Gut. Für dieses Betriebssystem gibt es zwei unterschiedliche Versionen.«
Kunde: »Egal, ich brauche nur eine. An die Adresse wie immer.« (legt auf)

Google

Kunde: »Gugel? Was ist das, ein Kuchen?«

Schaltfläche

Ich: »Nachdem Sie sich bisher nicht für A oder B entschieden haben, habe ich hier eine Schaltfläche eingebaut, mit der Sie zwischen A und B wechseln können. Die Schaltfläche wird natürlich entfernt, sobald Sie wissen, welche Version für Sie infrage kommt.«
Kunde: »Können wir die Schaltfläche nach rechts stellen? Also rechts ausrichten?«
Ich: »Die Schaltfläche ist nur für Sie. Sie wird entfernt, sobald Sie sich für eine Version entschieden haben. Es erleichtert Ihnen lediglich das Wechseln der Versionen.«
Kunde: »Ah, okay, verstanden.«
Ich: »Also, wie besprochen haben wir in Version B …«
Kunde (unterbricht): »Wo sehe ich Version B?«

 ## Doppelfalt

Kunde (schriftlich): »Ich möchte wieder zurück in meinen alten Vertrag, der DoppelFALT 16 000.«
Ich: »Sie sind clever, wenn Sie dies DOPPELT FALTEN, dann haben Sie ja eine 32 000er.«

Aktuelles Internet
Kunde: »Haben Sie denn die aktuelle Version des Internets auf Ihrem Computer?«
Ich: »...«

H

Ich (buchstabierend per Telefon zu Kunden):
»W wie Wilhelm ...«
Kunde: »H wie Wilhelm?!«
Ich: »...«

Browsernamen

Ich: »Welche Version des Microsoft Internet Explorer benutzen Sie denn zurzeit?«
Kunde (zu seinem Mitarbeiter): »Sag mal, welche Exploderversion nutzen wir hier?«
Mitarbeiter: »Von welchem, von dem Mozzarella oder dem anderen?«

Rechtsklick

Ich: »Bitte machen Sie einen Rechtsklick auf die Datei mit dem Namen Start.«
Kunde: »Ja ...«
Ich: »Jetzt müsste sich ein Menü neben Ihrem Mauszeiger ausklappen.«
Kunde: »Nein.«
Ich (nach zehn Erklärungsversuchen): »Wie machen Sie denn einen Rechtsklick?«
Kunde: »Na, ganz rechts auf dem Dateinamen, beim ›t‹. Rechtsklick eben.«

» Englischkenntnisse

Kunde: »Ich möchte den günstigsten Vertrag, aber bitte mit DSL.«

Ich: »Wir bieten eigentlich all unsere DSL-Verträge stets mit DSL an.«

Kunde: »Auf Ihrer Website steht aber ›ohne DSL‹.«

Ich: »One DSL.«

» Onlineshop

Kunde: »Habe neuen Computer. Onlineshop ist weg. Bitte neu auf meinem Computer installieren.«

Ich: »Es ist ein Onlineshop – den erreichen Sie von jedem Computer mit Internetanschluss.«

Kunde: »Mir egal, bitte neu installieren.«

Ich: »Onlineshop wieder installiert. Hier erreichbar: www.onlineshopname.de – Rechnung kommt per Post.«

» Dateiöffnung

Ich: »So ... haben Sie die Datei bereits geöffnet?«

Kunde: »Nein, habe ich leider nicht geschafft. Schicken Sie mir die Datei bitte im geöffneten Zustand zu.«

Erster Platz

Kunde: »Wir möchten bei Google auf Platz eins stehen!«

Agentur: »Vielleicht sollten wir erst einmal Ihren Internetauftritt überarbeiten. Es gibt kaum Content, technisch ist er auf einem Stand von vor zehn Jahren, und auch das Layout scheint schon ein paar Tage alt zu sein.«

Kunde: »Nein, nein, das machen wir alles später. Erst mal müssen wir bei Google ganz oben sein!«

Flatrate

Kunde: »Ich habe den Karton jetzt mehrfach durchsucht. Es ist auch alles drin – Router, Kabel, Bedienungsanleitung. Aber die Flatrate kann ich einfach nicht finden.«

Funkloch

Ich: »Wie wäre es denn mit einer Funkmaus für das Notebook? Damit ließe sich der Kabelsalat vermeiden.«

Kunde: »Auf keinen Fall. Auf meiner täglichen Zugstrecke gibt es viele Funklöcher. Dann funktioniert die ja nicht.«

Buttons

Ich: »Wir haben Ihnen beide Zustände der Buttons geschickt: Ruhezustand und Rollover.«
Kunde: »Wir nehmen die Version Rollover.«

Doppelklick

Kunde: »Immer wenn ich klicke, öffnen sich zwei Fenster.«
Ich: »Dann klicken Sie doch nur einmal auf den Link.«
Kunde: *KLICK* *KLICK*
Ich: »Sie haben gerade zweimal geklickt.«
Kunde: »Ja, einen Doppelklick.«
Ich: »Versuchen Sie es mal mit einem halben Doppelklick …«

Download

Kunde: »Wie lange dauert der Download denn noch?«
Ich: »Das ist unterschiedlich. Bei wie viel Prozent steht denn der Ladebalken gerade?«
Kunde: »Bei 30 Prozent – bei wie viel ist er denn fertig?«

Das kleine Schwarze
Kunde: »Mein Laptop ist defekt.«
Ich: »Welches Modell haben Sie denn genau?«
Kunde: »So einen kleinen schwarzen.«

❯❯ Gratis

Kunde: »Wie teuer ist die Gratisinstallation?«

❯❯ Passwort

Kunde: »Wie kann ich mein Passwort ändern?«
Ich: »Drücken Sie mal Strg+Alt+Entf. Da gibt es
eine Option ›Passwort ändern‹.«
Gute zehn Minuten später:
Kunde: »Muss ich den PC dafür etwa
anmachen?«

❯❯ Neustart

Kunde: »Wieso geht die Homepage noch nicht?«
Ich: »Sie haben einen DNS Change gewünscht,
das braucht nun ein paar Stunden, bis die
Änderung greift.«
Kunde: »Das ist doch Blödsinn. Ich habe gerade
das Internet neu gestartet!«

Download

Kunde: »Ich habe hier etwas aus dem Internet heruntergeladen. Kann ich das wieder zurück-geben?«

E-Mail

Ich: *verschicke eine E-Mail mit zwei Bildern und warte auf Antwort*
Antwort: »Da ich die Fotos behalten möchte, konnte ich unter Ihre Mail nichts schreiben und sie abschicken. Daher bedanke ich mich jetzt in einer separaten Mail.«

Blasphemie

Ich: »Sie werden sehen, wenn Sie Ihren PC neu starten, funktioniert wieder alles einwandfrei.«
Kunde: »Ihr Wort in Gottes Ohr, also in meines.«

❱❱ Mega

Kunde: »Wie viel Mega soll das Foto breit sein? Acht Mega breit?«

❱❱ WLAN

Kunde: »Ich bin bei Ihnen Neukunde … bei der Lieferung des Ruthers (!) fehlte noch das kabellose Internet. Ich kann es im Karton nicht finden.«

❱❱ Bestätigung

Kundenmail: »Hiermit bestätige ich die Teilnahme am Gewinnspiel.«
Ich: »Sie müssen dazu bitte den Link in der Bestätigungsmail anklicken.«
Kunde schreibt zurück: »Hiermit bestätige ich die Teilnahme am Gewinnspiel.«

Passwort

Ich: »Wie ist das Passwort für Ihr Notebook?«
Kunde: »Scheißpasswort.«

CD – Read Only Memory

Kunde: »Ist die Präsentation irgendwie schreib-
geschützt? Ich kann die Charts nicht bearbeiten.«
Ich: »Haben Sie die Datei schon auf Ihren
Rechner kopiert und sie dann geöffnet?«
Kunde: »Nö. Ich dachte, das könnte ich auf der
CD.«

Verdreht

Kunde: »Ich würde gerne zwei PCs miteinander
über Netzwerk verbinden.«
Ich: »Haben Sie einen Switch?«
Kunde: »Einen was?«
Ich: »Okay, also nein. Haben Sie ein twisted-pair,
also ein gedrehtes Kabel?«
Kunde: »So schlau war ich auch schon, darüber
habe ich im Internet auch schon Beiträge
gefunden. Aber anscheinend ist mein PC nicht
dafür ausgelegt. Wenn ich das Kabel drehe,
dann passt der Stecker nicht mehr!«

In der Werbung

»Wer nicht wirbt, stirbt.« Egal ob Einmannbetrieb oder internationaler Konzern: Jeder buhlt um die Gunst seiner Kunden. Der Autoverleiher, der in regelmäßigen Abständen Politiker und Promis in seiner Werbung verhohnepiepelt, oder der Schuhversand, der eine Horde Nackter durch seine Werbespots scheucht, sind da eher noch gemäßigte Beispiele.

Wie dem auch sei, Einmannbetriebe und Konzerne sind ebenfalls Kunden, und zwar bei Werbeagenturen, Grafikbüros und anderen Dienstleistern der Medienbranche. Es gibt viele Gewerke, die ihr Menschenmögliches geben, um für ihre werbenden Kunden die bestmöglichen Ergebnisse zu erzielen, nämlich Drucker, Grafiker, Angestellte in Agenturen, Texter oder Designer. All diese wundervollen Berufe haben ein kleines Manko. Sie arbeiten für Kunden, die sich häufig für allwissend halten, es naturgemäß aber nicht sind. Diese Kunden sind meistens wirklich gut in ihrem eigenen Job, den sie seit Jahren erfolgreich ausüben. Doch genau dieses Fachwissen trauen sie den von ihnen angeheuerten Werbefachleuten nicht zu. Am allerliebsten würden sie alles selber machen. Das muss keine Selbstüberschätzung sein; oft ist es schlicht Gewohnheit, gepaart mit perfektionistischem Denken. Glauben sie doch, ihr Produkt am besten zu kennen – was auch stimmt – und es folglich am besten bewerben zu können – was meist zu diversen Kopf- und Bauchschmerzen auf Dienstleisterseite führt. Mal schnell einen Lkw-Anhänger auf dem Flyer abbilden? Kein Problem, denkt man – und irrt sich gewaltig. »In Originalgröße«, verlangt der Kunde. Und der hat – wie wir ja wissen – immer recht. Schließlich ist er derjenige, der zahlt. Sich anstrengen, heißt da die Devise. Für den kreativen Kopf existieren bekanntermaßen keine Probleme, sondern nur Herausforderungen.

Wenn ein Kunde auch noch selbst Hand an Grafikdateien oder Webseiten legt, endet es oft in einer mittelschweren Katastrophe. Und wenn die Webseite, die der Kunde selbst auf den Server laden wollte, erst mal völlig unbenutzbar ist oder der Flyer, bei dem der Kunde selbst die letzten Textverbesserungen vorgenommen hat, in tausendfacher Auflage samt neu hinzugekommenen Rechtschreibfehlern gedruckt ist, dann ist es natürlich der Dienstleister, der für den Fehler verantwortlich gemacht wird. Das Gegenteil zu beweisen fällt da mitunter schwer. Manchmal versucht man es besser

72 Werbung

erst gar nicht und nimmt die falschen Beschuldigungen zähneknirschend hin.

Richtig übel kann es mitunter werden, wenn der Kunde selbst sich künstlerisch versucht. Da gibt es manchmal nur noch eine Steigerung: Richtig, der eigene Spross hat's entworfen, mit Paint vielleicht oder anderen Spielereien. Da heißt es diplomatisch sein. Zudem sollte die Arbeit schnell, am besten schon vorgestern gemacht sein. Überstunden, Nacht- und Wochenendschichten? Kein Problem, meint der Kunde. Wozu gibt es denn Laptops, die man mit nach Hause nehmen kann? Schließlich möchte er ja groß rauskommen, und das schon morgen. Der Kunde hat natürlich auch das letzte Wort. Selbstredend. Doch denken darf man sich schon seinen Teil.

 ## iProdukt

Kunde: »Wir hätten im Logo gerne ein ›i‹ vor dem Produktnamen.«
Ich: »Entschuldigung, aber Ihr Produktname trägt doch gar kein ›i‹ davor.«
Kunde: »Wir denken, das ist modern und bringt unser Produkt nach vorne. Bitte das ›i‹ einfügen.«

 ## Icontext

Kunde: »Könnten wir unter das kleine Icon da noch eine kurze Erklärung schreiben?«
Ich: »Natürlich, was möchten Sie denn dort stehen haben?«
Kunde: »Entwicklung technischer Fabrikations- und Fertigstellungslösungen, basierend auf der Weiterentwicklung von kommerziell nutzbaren Brennstoffzellen für Industrie und Wirtschaft.«

〉〉 Animation

Kunde: »Können Sie animierte GIFs?«
Ich: »Natürlich, das ist kein Problem.«
Kunde: »Gut, ich habe hier Bilder von unserem Laden, hat mein Schwiegersohn gemacht. Daraus soll bitte ein animierter Ladenrundgang gemacht werden, als animiertes GIF.«
Kunde schickt ein JPG des Ladenlokals.
Ich: »Aus einem Bild Ihres Ladenlokals kann ich leider keinen ganzen animierten Rundgang machen. Haben Sie vielleicht ein Video oder mehr Bilder Ihres Ladens?«
Kunde: »Das ist das einzige Bild, was mir gefällt – Sie sagten doch, das sei kein Problem.«
Ich: »...«

〉〉 Angebot und Nachfrage

Kunde: »Wir brauchen mehr unterschiedliche Schriften im Flyer!«
Ich: »Wie viele unterschiedliche Schrifttypen möchten Sie denn verwenden?«
Kunde: »Wie viele haben Sie denn?«

Werbung 75

Proof

Kunde: »…okay, schicken Sie mir bitte einen Farbproof an meine E-Mail-Adresse.«
Ich: »Sie erhalten den Proof von uns natürlich per Post. Damit Sie sehen können, wie das Etikett und die Farben gedruckt aussehen.«
Kunde: »Nein, nein, das dauert ja viel zu lange. Schicken Sie es mir einfach in einem Word-Dokument.«

Anders

Kunde: »Wir müssen einen Aufkleber für die Messe produzieren. Stellen Sie bitte sicher, dass er von der Ferne gut zu erkennen und gut lesbar ist, vor allem das Logo. Verwenden Sie die Farben unserer Verpackung. Bitte achten Sie auch darauf, dass alles genauso aussieht wie auf unserer Produktverpackung, vor allem das Logo.«
Ich: »Sie wollen also, dass es genau gleich aussieht, nur anders?«
Kunde: »Ich verstehe nicht.«
Ich: »Natürlich nicht.«

Amputation

Kunde: »Das Bild in der Seitenspalte, da muss man ihr Gesicht sehen können.«
Ich: »Aber sie hat auf diesem Bild die Hand vor dem Gesicht.«
Kunde: »Gut, dann nehmen Sie die Hand einfach raus. Danach ist es freigegeben.«

Grünrot

Kunde: »Können wir das Rot etwas grüner haben?«
Ich: »…«

Kopfrechnen

Ich: »Unser Angebot für Sie beläuft sich auf 3457 Euro.«
Kunde: »Nein, das ist zu teuer. Wir haben bereits ein ähnliches Projekt woanders günstiger umgesetzt.«
Ich: »Gut, dann teilen Sie uns doch bitte mit, wie hoch Sie gehen können, und wir versuchen, das Angebot anzupassen.«
Kunde: »Maximal 3500 Euro.«

Werbung 77

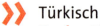 ## Türkisch
Kunde: »Fehler in Flyer, müssen ändern!«
Grafiker: »Was möchten Sie denn geändert haben?«
Es folgt irgendwas auf Türkisch.
Grafiker: »Tut mir leid, ich kann kein Türkisch.«
Kunde: »Doch!«

 ## Studiert
Kunde: »Haben Sie bereits ein paar Vorschläge für mich – bezüglich meiner angeforderten Weihnachtskarte?«
Ich: »Natürlich. Hier meine Entwürfe.«
Kunde: »Aha, sehr schön! Dieser hier gefällt mir am Besten, den nehme ich.«
Ich: »Fein, ich sende Ihnen dann die Rechnung hierfür zu.«
Kunde: »Eine Rechnung? Aber Sie haben doch nicht mal studiert!«

›› Gleich viel

Kunde: »Wir wissen, dass es unsere Schuld ist, dass die Deadline nicht gehalten werden kann, aber wir müssen in exakt einer Woche fertig sein.«

Ich: »Okay, das ist ein echt straffer Zeitplan für sehr viel Arbeit, aber man kann es schaffen. Wir stellen für diesen Aufwand ca. XXXX,XX Euro mehr in Rechnung.«

Kunde: »Wieso das? Nein, nein. Es ist doch gleich viel zu tun, Sie müssen einfach nur schneller arbeiten!«

›› Lorem Ipsum

Kunde: »So geht das nicht, den Text kann man ja gar nicht verstehen!«

Ich: »Das sind Blindtexte. Damit stellen wir Ihnen beispielhaft dar, wie Fließtexte im Layout laufen könnten.«

Kunde: »Ändern Sie das mal in richtige Texte, dann kann ich das auch abnehmen!«

Ich: »Gerne, dann senden Sie uns doch bitte die Texte, die wir einsetzen sollen.«

Kunde: »Denken Sie sich da mal etwas aus, ich habe dafür jetzt keine Zeit!«

Werbung

Wordart
Kunde (stolz): »Hier ist unser Logo, das hat mein Sohn gemacht! Was halten Sie davon?«
Ich: »Ähm, ja, also ich weiß nicht, was ich …«
Kunde: »Mit Word!«

Schnell und freundlich

Kunde: »… Außerdem brauchen wir noch ein Logo für unsere Seite ›Schnell und freundlich‹.«
Ich: »Haben Sie denn schon irgendwelche Ideen oder Vorstellungen, wie Ihr Logo aussehen sollte?«
Kunde: »Ja. Das Logo sollte unbedingt schnell und auch sehr freundlich sein. Außerdem sollte es aussehen wie ein Tintenfisch, der seine Arme in jede Richtung ausstreckt.«

Alles umsonst

Ich: »Sie können nicht einfach Bilder aus Google in Ihrer Broschüre verwenden. Sie brauchen die Rechte dafür.«
Kunde: »Aber die Bilder gibt es kostenlos bei Google, das ist das Internet! Da ist alles umsonst.«

Farbvorlage

Kunde (per Fax): »Die Farben des Logos bitte wie in dieser Vorlage. Vorlage anbei.«

❯❯ Unbekannter Teilnehmer

Kunde (erste E-Mail): »Wir müssen dieses Projekt so schnell wie möglich abschließen, bitte senden Sie uns einen Kostenvoranschlag und fangen Sie ASAP mit der Umsetzung an. Wir brauchen schnell Ergebnisse. MfG«

Ich: »Entschuldigung, aber wer sind Sie, und von welchem Projekt reden Sie?«

❯❯ Hochauflösend

Kunde: »Wir wissen, dass es nur niedrig aufgelöste Bilddateien sind. Sagen Sie dem Drucker doch einfach, es wären hochaufgelöste, damit wir mit der Produktion anfangen können.«

❯❯ Kontaktfarbe

Ich: »… und hier hätten wir nun die finalen Layouts.«

Kunde: »Alles sehr schön. Uns gefällt das Grün jedoch nicht mehr. Können Sie das Grün auf allen Seiten gegen eine exklusivere, forderndere Farbe austauschen? Die Farbe soll die Kunden unbedingt dazu bringen, uns zu kontaktieren.«

 ## Nachzähler

Kunde (aufgeregt): »Ihre Lieferung ist fehlerhaft!«

Ich: »Sind Sie mit der Druckqualität denn nicht zufrieden?«

Kunde (aufgebracht): »Doch, aber wir hatten 20 000 Exemplare bestellt!«

Ich: »Und wir haben diese geliefert, fehlen eventuell welche?«

Kunde: »Nein, wir haben nachgezählt, es sind 21 163!«

 ## Blindtext-Fehlfunktion

Kunde: »Alles prima, wir hätten da aber noch eine Textkorrektur in den Groblayouts.
Bitte Lorem ipsum anstatt Lorem Ipsum.«

Der Kasten

Kunde: »Wir hätten den Text gerne dunkelblau und nicht mit diesem weißen Kasten dahinter.«
Ich: »Dunkelblauen Text auf bordeauxrotem Hintergrund wird man schwerlich bis gar nicht lesen können.«
Kunde: »Doch, doch, natürlich. Machen Sie das.«
Ein Tag später …
Kunde: »Den Text auf der Seite kann man überhaupt nicht lesen, lösen Sie dieses Problem bitte.«
Ich: »Ich kann einen weißen Kasten dahinter machen.«
Kunde: »Gute Idee. Tun Sie das.«

›› Farben

Erstes Telefonat

Kunde: »Das ist wunderschön, nehmen wir so. Aber dies ist keine unserer Hausfarben, oder?«

Ich: »Nein. Ich habe diese Farbe gewählt, da sie thematisch besser passt als Ihre Hausfarben. Außerdem wird die Karte ja in einer nur sehr geringen Auflage gedruckt.«

Kunde: »Nein, so geht das nicht, die Farbe muss aus unseren Hausfarben bestehen.«

Zweites Telefonat

Ich: »Wenn Sie Ihre Hausfarben mischen, 50 Prozent Schwarz hinzufügen, welches Sie ja als Textfarbe benutzen, und alles auf 25 Prozent Opazität setzen, bekommen Sie exakt diesen Farbton.«

Kunde: »Na, geht doch. Freigabe.«

›› Finale Layouts

Kunde: »Haben Sie die finale Layoutdatei für die Webseite erhalten?«

Ich: »Nein, aber eine zweifarbige CorelDraw-Datei, die auf 1,40 × 2,80 Meter angelegt ist und 800 dpi hat.«

Kunde: »Ja, genau. Das ist sie.«

Zurück

Kunde: »Alles wunderbar. Können Sie noch die blauen Linien aus der Tabelle entfernen?«
Ich: »Natürlich, sehr gerne.«
Kunde: »Gut, ich schicke Ihnen die Datei per E-Mail zurück, damit Sie die Verbesserungen vornehmen können.«
Ich: »Das ist … also, ich meine … ist in Ordnung, ich warte so lange.«

Statische Animation

Ich: »Hier wäre dann noch die gewünschte Animation mit dem korkenzieherförmigen Kameraflug durch die explodierenden Wörter mit den von Ihnen gewünschten bunten Lichtreflexen und umherfliegenden Ausrufezeichen.«
Kunde: »Das ist mir vom Gefühl her irgendwie zu statisch.«

Wochenende

Kunde: »Wie aufwendig waren denn die Änderungen, die wir Freitagnachmittag noch eingebrieft haben?«

Ich: »Na ja, es war ein langer Freitag und ein sehr anstrengender Samstag für uns …«

Kunde: »Ach so. Nun gut. Wenn Sonntag keiner arbeiten musste, kann es ja nicht so schlimm gewesen sein.«

Auslieferung

Ich: »Guten Tag, die sechs Paletten Imagebroschüren haben unsere Druckerei verlassen und sind nun auf dem Weg zu Ihnen. Sie treffen im Laufe des Nachmittags bei Ihnen ein.«

Kunde: »Prima. Sagen Sie, die Überschriften auf Seite 2 können wir jetzt nicht noch schnell ein bisschen röter machen, oder?«

Ich: »…«

Vermieter

Kunde: »Können Sie den Vermieter im Bild bitte etwas vermieteriger aussehen lassen? Vielleicht sollten Sie ihm einen Vermieterhut aufsetzen oder so was …«

Der Baum I

Kunde: »Machen Sie den freigestellten Baum auf der Infoseite bitte breiter und höher. Aber belassen Sie ihn dabei in derselben Größe.«

Der Baum II

Fotoshooting vor einem großen alten Gebäude.
Ich: »Also, auf dieser Seite des Gebäudes steht ein ziemlich großer Baum im Weg. Der würde das gewünschte Motiv sehr stören.«
Kunde: »Haben Sie denn keinen Baumfilter für die Kamera oder so was?«

⟫ DIN A4

Kunde: »Können Sie eigentlich auf DIN A4 produzieren?«

Ich: »Natürlich, auf jedes DIN und auch auf jedes andere Format.«

Kunde: »Sagen Sie, ist Ihr DIN A4 denn genauso groß wie unseres?«

⟫ Transparenz

Ich: »Ich habe Ihnen gerade das gewünschte Bild mit transparentem Hintergrund zugesendet.«

Kunde: »Hier im Photoshop ist nichts transparent. Schicken Sie es noch einmal!«

Ich (kontrolliere die Datei – alles in Ordnung): »So, ich habe es Ihnen noch einmal geschickt. Es müsste alles in Ordnung sein.«

Kunde: »Nichts ist in Ordnung, das ist nicht transparent! Was können Sie eigentlich?«

Ich: »Wie sieht das Bild denn bei Ihnen genau aus?«

Kunde: »Na, das Produkt auf so einem hässlichen grau-weiß gekachelten Hintergrund.«

❯❯ Farben

Kunde: »Das Corporate-Blau auf unseren Webseiten sieht auf diesem Monitor anders aus als auf dem Monitor daneben. Das muss umgehend geändert werden, es muss auf allen Monitoren im ganzen Internet gleich aussehen!«

Ich: »Das ist technisch leider nicht möglich. Es gibt untersch…«

Kunde: »Jetzt keine Ausreden, wir zahlen schließlich gut!«

———

❯❯ Dots per inch

Ich: »Tut uns leid – wenn wir dies in dieser Auflösung drucken, wird es nicht Ihren qualitativen Ansprüchen genügen. Ihre Vorlage hat lediglich 72 dpi, für den Offsetdruck benötigen wir jedoch 300 dpi.«

Kunde: »Na, haben Sie denn nicht noch ein paar dpi auf Lager? Ich zahle auch dafür.«

Mehr Farben
Kunde: »Ich habe Ihnen die Vorlage für den Flyer geschickt. Mein Cousin hat ihn in Powerpoint gestaltet. Bitte machen Sie ihn einfach ein bisschen bunter, Sie haben ja bestimmt mehr Farben auf Ihrem Computer als er.«

Konkurrenz
Ich: »Bei dem Farbkonzept für das neue Logo haben wir versucht, uns von der Konkurrenz deutlich abzugrenzen…«
Kunde: »Nein, die Farben müssen rot-blau sein.«
Ich: »Entschuldigung, aber das sind auch die Farben Ihres größten Konkurrenten.«
Kunde: »Egal, das sind die Lieblingsfarben meiner Frau.«

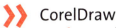 CorelDraw

Kunde: »Wir brauchen sofort die Druckdaten neu!«
Ich: »Ich habe Ihnen gerade druckfähige PDF-Dateien geschickt.«
Kunde: »Ja, aber die Druckerei braucht Corel-Draw-Dateien. Außerdem sind da außen so Linien dran! Die will die Druckerei nicht!«
Ich: »Meinen Sie die Beschnittmarken?«
Kunde: »Kann sein. Und da sind so Farbkästen an der Seite, die sollen auch weg!«
Ich: »Schnittmarken und Farbstreifen dienen nur zum Beschneiden und Einrichten des Drucks und sind auf dem Endergebnis für Sie nicht sichtbar … Sind Sie sicher, dass die Druckerei lieber CorelDraw-Dateien hätte?«
Kunde: »Ja, ja, die drucken in Deutschland, da ist das Standard!«

Paint

Kunde (stolz): »Das habe ich alles in MS Paint gemacht.«

Ich: »Das ist wirklich toll. Aber mit diesen Dateien können wir im Offsetdruck leider nichts anfangen, außerdem benutzen wir andere Software.«

Kunde: »Wenn es weiter nichts ist, dann brenne ich Ihnen eben schnell MS Paint. Das ist ein sehr professionelles Programm.«

Textdatei

Ich: »Könnte ich die Datei mit den Texten bekommen?«

Kunde (ratlos): »Eine Datei?«

Ich: »Ja, Sie haben das doch auf einem Computer verfasst. Dann müssten Sie davon doch eine Datei haben.«

Kunde (zu Kollegin): »Frau M., haben Sie eine Datei für Herrn J.?«

Frau M. (ratlos): »Nein, die habe ich doch schon längst geschlossen ...«

Intranet

Kunde: »Die Druckdaten stehen auf folgender Seite zum Download bereit.«

Ich (öffne Link): EXTERN *** dies ist eine interne Seite, die von außen nicht zugänglich ist ***

Beste Qualität

Kunde: »Bitte liefern Sie bis morgen Ausdrucke unseres einfarbigen Logos in 4c, 5c, und am besten auch 6c, für die beste Qualität!«

Blau

Kunde: »Bitte nehmen Sie das in unserem Styleguide angegebene Blau. Im Moment ist es falsch.«

Ich: »Das ist der korrekte Farbwert. Die Darstellung hängt mitunter auch von Ihrem Monitor ab.«

Kunde: »Ändern Sie es!«

Ich (keine Veränderung vorgenommen): »Ist geändert!«

Kunde: »Geht doch! So ist es perfekt. Von meinem iPhone gesendet.«

Störer

Kunde: »Bitte den Störer hellgelb einfärben!«
Ich: »Laut dem von uns in über zwei Jahren entwickelten und sehr ausführlichen Styleguide ist die für Störer vorgesehene Farbe ein Violett. Ein Gelb darf laut Styleguide in der gesamten Kommunikation nicht vorkommen, da es sich dabei um die Hausfarbe der Konkurrenz handelt.«
Kunde: »Und wie wär's mit Grün?«

Unterschied

Kunde: »Was ist eigentlich der Unterschied zwischen einem Grafiker und einem Texter?«

JPG.rgb

Kunde: »Unser interner Grafiker kann die Druckdatei nicht öffnen, sagt er.«
Ich: »Mit was arbeitet er denn?«
Kunde: »Word.«
Ich: »Möchte er RGB-Dateien?«
Kunde: »RGB kennt er nicht, er will JPEGs.«

Modelbudget

Ich: »Mit diesem geringen Budget können wir leider keine Models für das gewünschte Shooting buchen.«

Kunde (verwundert): »Seit wann kosten Models denn Geld?«

Originalgröße

Kunde: »Ich möchte unser Produkt in Original-größe auf der Startseite.«

Ich: »Äh … Sie verkaufen Lkw-Anhänger.«

Kunde: »Sie schaffen das schon, dafür bezahle ich Sie ja.«

---

72 dpi

Kunde: »Guten Tag, anbei nun das Bild in 72×72 dpi.«

Rechnung

Kunde: »Warum stehen auf der Rechnung da 100 Euro?«

Ich: »Das war der vereinbarte Preis. Sehen Sie doch einmal auf den KVA.«

Kunde: »Ja, aber ich dachte, das wäre kostenlos?«

Ich: »Wir arbeiten generell nicht ohne Bezahlung.«

Kunde: »Ich geh jetzt zu meinem Anwalt.«

Hellseher

Ich: »Ihre Liste mit den Änderungen wird so einfach nicht umzusetzen sein. Da müssen wir an den Kern des Systems. Das braucht Zeit. Ist das eine neue Erkenntnis Ihrerseits?«

Kunde: »Ja, ist mir beim Frühstück eingefallen. Wieso haben Sie das nicht kommen sehen?«

Photodings

Kunde: »Sie sind doch Designer, Sie arbeiten doch auch in Photovoltaik, oder nicht?«

❯❯ Selbsterkenntnis

Kunde: »Das ist für uns zu zeitgemäß.«

❯❯ Sensible Daten

Ich: »... super, dann schicken Sie mir bitte Ihre Postadresse, damit ich Ihnen ein Angebot zusenden kann.«

Kunde: »Da man heutzutage schnell Opfer eines unseriösen Geschäfts wird, werde ich als Künstler und Musiker mich stets weigern, meine persönlichen Daten freizugeben!«

Ich: »Oh ... äh ... aber Sie haben doch ein schriftliches Angebot für Ihren Internetauftritt angefragt. Dafür brauchten wir Ihre Anschrift.«

Kunde: »Solche sensiblen Daten gebe ich nicht frei!«

Termin

Kunde: »Könnten wir heute um 18 Uhr einen Termin vereinbaren?«
Ich: »Entschuldigen Sie, nein, ich bin bis mindestens 20 Uhr in Gesprächen.«
Kunde: »Das verstehe ich. Wie wäre es um 18.30 Uhr?«
Ich: »Hmm, wie gesagt, ich bin …«
Kunde: »19 Uhr vielleicht?«

 Textvorlage

Kunde: »Tauschen Sie wohl umgehend die Texte auf der Detailseite aus? Die sind ja alle falsch, falsch, falsch!«
Ich: »Die Texte habe ich eins zu eins Ihrer Textvorlage entnommen.«
Kunde: »Die war ja auch falsch!«
Ich: »…«

Sicherheitsvorschriften

Kunde: »So wie von Ihnen vorgeschlagen, funktioniert das nicht, das würde gravierend gegen unsere Sicherheitsvorschriften verstoßen!«
Ich: »Oh, das war uns nicht bewusst. Wir wussten gar nicht, dass Sie so etwas haben. Wie lauten denn Ihre Sicherheitsvorschriften?«
Kunde: »Das darf ich Ihnen nicht sagen, das würde gegen unsere Sicherheitsvorschriften verstoßen.«
Ich: »…«

 ## Kreativität

Kunde: »Woher beziehen Sie eigentlich die ganzen tollen kreativen Ideen für Ihre Arbeiten?«
Kollege: »Die bekommen wir jeden zweiten Montag anonym per Post.«
Kunde: »Ach so.«

CEO
CEO: »Wozu brauchen wir eigentlich Designer? Geht das nicht alles mit dem Computer?«

Steigerung

Kollege: »Wahnsinn! Sie haben sich gesteigert. Von Fehler 404 auf 500.«

Englisch

Kollege (führt eine englischsprachige Gruppe von Investoren durch die Firma und würde gerne vor der Gruppe laufen, um den Weg zu weisen): »I go for!«

Postwurf

Ich: »Die schicken uns die Rechnung als signiertes PDF.«
Kollege: »Wir dürfen aber Rechnungen nur per Post annehmen.«
Ich: »Das kann ich leider nicht ändern.«
Kollege (überlegt): »Drucken Sie es aus und falten Sie es zweimal, dann sieht es aus, als wäre es mit der Post gekommen!«
Ich: »…«

»» Mit und ohne

Kollege: »Wo is'n der Unterschied zwischen den Dateien ›Anzeige mit Störer‹ und ›Anzeige ohne Störer‹?«

Ich: »Die Anzeige mit Störer hat einen Störer, die Anzeige ohne Störer hat keinen.«

Kollege: »Ach so.«

»» Überstunden

Kollege: »Leute, aufgepasst! … Der Betriebsrat hat uns ja angemahnt, dass hier in der Marketingabteilung zu viele Überstunden anfallen. Nun, ihr habt ja alle Firmenlaptops – ich würde daher vorschlagen, dass ihr euch hier abmeldet und dann von zu Hause aus weiterarbeitet.«

»» Pressetext

Kunde: »Die Bildunterschrift ist mir viel zu reißerisch. Den Text können wir so nicht freigeben.«

Ich: »Das ist Ihr Pressetext zu Ihrem Pressefoto und alles bereits so veröffentlicht.«

Paint
Kunde: »Ich brauche keinen Grafiker, die sind alle viel zu kostspielig. Ich layoute selbst. Mit MS Paint. «

Na Logo
Kunde: »Fotografieren Sie einfach das Logo von der Heckscheibe ab.«

Schwarz
Kunde: »Ihr Schwarz gefällt mir nicht.«
Ich: »Wie bitte? Warum?«
Kunde: »Ich will ein warmes, freundliches Schwarz. Es soll nicht so tot wirken.«

Kästen

Kunde: »Design gefällt mir nicht. Da ist ja nicht wirklich was drin außer Kästen.«

Grün

Kunde schickt groben Website-Entwurf als Vorlage für die Gestaltung seiner Site. Farbe Grün dominiert. Auf meine Rückfrage kommt: »In der Farbwahl sind Sie frei.« Mein Entwurf geht raus, Grün dominiert.
Kunde: »Grün ist jetzt nicht so unsere Farbe.«

Colorfast

Empfangsdame (via Telefon): »Hallo, hier ist … Herr Colorfast von der Druckerei Meyer am Empfang für Sie.«
Ich: »Sie meinen Hern Meyer von der Druckerei Colorfast?«
Empfangsdame (stutzt kurz): »Nein, Herr Colorfast!«

Entwurf

Kunde: »Machen Sie mir bitte zwei Entwürfe für ein Logo. Was kostet das?«

Ich: »Die Entwürfe kosten nichts. Sollte einer dabei sein, den Sie mögen, rechne ich meinen Stundensatz ab und schicke Ihnen eine druckfähige Datei.«

Später:

Kunde: »Den zweiten Entwurf würden wir dann nehmen, bitte schicken Sie ihn mir zu. Der Entwurf kostet doch nichts?«

Ich: »Wenn Sie diesen nehmen wollen, schon.«

Kunde: »Wir nehmen nur den Entwurf!«

Budget

Kunde (hier Anzeigenverkäufer): »Wir haben da eine Sonderveröffentlichung, haben Sie Interesse?«

Ich: »Mein Kunde hat kein Budget mehr.«

Anzeigenverkäufer: »Warum nicht?«

Ich: »Weil er kein Budget mehr hat!«

Anzeigenverkäufer: »Können Sie ihm keines geben?«

Druckdaten

Drucker zu Agentur: »Wie, Sie schicken das Dokument mit Beschnitt? Ich habe gedacht, ich krieg 'ne CD?!«

Änderungen

Kunde: »Können wir die Änderungen telefonisch durchgehen?«
Berater: »Uns ist es bei der Menge an Änderungen lieber, Sie schicken uns das schriftlich.«
Kunde: »Wie jetzt, schriftlich?«
Berater: »Na, per Mail eben.«
Kunde: »Ach so ... Nein, das geht hier nicht. Wir können nur faxen.«

Bestätigung

Kunde: »Wären Sie so freundlich zu bestätigen, dass das Logo, welches ich Ihnen geschickt habe, rot ist?«

Farbabnahme
Ich: »Anbei finden Sie ein Shirt zur Farbabnahme, die Größe ist hierbei vorerst irrelevant, es geht lediglich um die Farbigkeit.«
Kunde: »Das ist ja viel zu groß«

Farbiges Fax
Kunde: »Ich habe gerade ein Fax erhalten.«
Ich: »Schön, aber das weiß ich doch.«
Kunde: »Das ist aber nur schwarz-weiß! Senden Sie es noch mal farbig!«

 Kosten
Ich: »Sie haben den Entwurf noch nicht bezahlt«
Kunde: »Ist doch gar nicht gedruckt.«
Ich: »Es geht ja auch um den Entwurf.«
Kunde: »Nur was auf Papier ist, kostet doch!«

❯❯ Freigabe

Ich: »… Sie haben es doch freigegeben, da können wir jetzt keine Änderung mehr vornehmen.«

Kunde: »Womit habe ich das freigegeben?«

Ich: »Mit Ihrer Unterschrift.«

Kunde: »Ach so, nein. Das Schreiben habe ich mir doch gar nicht durchgelesen.«

❯❯ Farbspaß

Kunde: »Bitte ein Prozent weniger Magenta im Fond, das ist mir viel zu rötlich!«

Selber Kunde, nächstes Projekt:

Kunde: »Das Rot muss rötlicher werden!«

Ich: »Sind schon je 100 Prozent Magenta und Gelb.«

Kunde: »Dann möchte ich zehn Prozent mehr!«

Google-Bilder

Kunde: »Ich habe hier ein fertiges Drucklayout mit Word erstellt. Das können Sie so in Ihre Druckmaschine legen.«

Ich: »Fertig ist das noch lange nicht, woher haben Sie überhaupt die Bilder?«

Kunde: »Na, aus Google!«

Ich: »Die dürfen Sie leider nicht verwenden, erstens aus rechtlichen Gründen nicht, und zweitens reicht die Qualität für einen Offsetdruck nicht aus.«

Kunde: »Warum nicht? Die konnte ich frei runterladen, und am Bildschirm sehen sie gut aus! Drucken Sie's einfach.«

Termine

Kunde: »Können wir die Messe verschieben?«

Schwingel und Schwurbel

Kunde: »Ich hätte hier gerne noch ein paar Schnörkel und da drüben etwas Geschwurbel, Sie wissen schon, so Schwingelzeug eben.«

Frequenz

Kunde (beim Filmschnitt): »Bitte die Frequenz an diese Stelle und jene Frequenz an die andere …«
Ich: »Sie meinen wahrscheinlich die Sequenz?«
Kunde: »Genau, die Frequenzen einfach tauschen.«

Runde Kreise

Kunde: »Wenn Sie hier bitte noch zwei sehr runde Kreise einfügen würden.«

Durchwahl

Ich: »Ich gebe Ihnen meine Durchwahl, haben Sie etwas zu schreiben?«
Kunde: »Nein.«
Ich: »Ja, dann … Holen Sie sich etwas?«
Kunde: »Nein, das geht nicht«
Ich: »Wieso? Haben Sie kein Papier?«
Kunde: »Ich bin nackt!«

›› Finales Design

Kunde: »Leider muss das final abgestimmte Design doch in Gänze erneuert werden.«
Ich: »Das kommt jetzt irgendwie überraschend.«
Kunde: »Ja, es hebt sich leider zu sehr von der Konkurrenz ab, damit kommt unser Marketing nicht klar.«
Ich: »...«

›› Mehrkosten

Kunde: »Kostet das extra?«
Ich: »Ja, stand nicht im KVA.«
Kunde: »Schon, aber kostet das wirklich extra?«
Ich: »Ja, immer noch...«
Kunde: »Was machen wir jetzt?«
Ich: »Mehr ausgeben oder weglassen.«
Kunde: »Gibt's da keine andere Lösung?«

Die Katze im Sack

Kunde: »Also Ihre Vorschläge klingen schon gut, aber ich kann mir nicht richtig vorstellen, wie das später aussieht.«
Ich: »Ja … sehen Sie, deswegen beauftragen Sie mich als Gestalter für ein Layout.«
Kunde: »Ich kauf die Katze doch nicht im Sack.«

Im Internet

Das Internet. Unendliche Weiten. Wir schreiben das Jahr 2011 ...

Tatsächlich ist das Internet eine Welt voller Abenteuer und Entdeckungen. Neben all den tollen Dingen wie Telefonie, Echtzeit-Chat in alle Welt, sozialen Netzwerken und vielem mehr gibt es wirklich Interessantes und Wissenswertes zu entdecken. Von digitalisierten Übersetzungen ältester Keilschriften bis hin zu den allerneuesten wissenschaftlichen Forschungen auf jedem erdenklichen Gebiet lässt sich so gut wie alles finden. Daneben sind die Weiten des Internets aber auch mit jeder Menge Sinnbefreitem, Abstrusem angefüllt. Eine Webseite zum Beispiel bot unlängst gegurgelte Milch zum Verkauf an. Ein paar junge neureiche New Yorker Mädels haben sich zu einem Konglomerat zusammengeschlossen und verkaufen Milch, die sie durch Gurgeln aufgewertet haben wollen. 0,6 Liter des Getränks sind für schlappe 130 Dollar zu erwerben. Ob es sich dabei um eine ausgeklügelte Kampagne der amerikanischen Milchindustrie handelt, ist nicht abschließend zu klären.

So – oder so ähnlich – geben viele Menschen ihr Bestes, das Internet mit Inhalten zu füttern, ob die restliche Menschheit diese nun braucht oder nicht. Besonders begabt darin sind Internet-Werbekunden. Sie ähneln den klassischen Werbekunden, jedoch ist das Internet eine noch komplexere Angelegenheit als ein Flyer oder eine Zeitungsannonce, was die ganze Situation für alle Beteiligten um ein Vielfaches verkompliziert.

Das Internet für ein Unternehmen richtig zu nutzen ist eine recht schwierige Angelegenheit, denn auf dem Weg zu einem perfekten Webauftritt oder einem Blog liegen viele große Steine, die es aus dem Weg zu räumen gilt. Guter Rat ist da teuer, und den holt man sich am besten beim Fachmann oder der Fachfrau. Auch wenn farbenreich dafür geworben wird, die eigene Website in fünf Schritten selbst zu gestalten. Oder sind es nur noch drei? Solche Selbstversuche können mitunter fatal enden. Geschmäcker sind verschieden, und über Geschmack lässt sich bekanntlich streiten. Ob fliegende Katzen, sprechende Hunde und blinkende Blümchen allerdings wirklich zum Kauf anregen, sei dahingestellt. Fakt ist, dass viele Seiten, die man so sieht, für, pardon, das Klo produziert zu sein scheinen. Aber dafür gibt es ja auch bereits etwas – im Internet natürlich: http://www.papertoilet.com.

» Webmäßig

Briefing: »Wir hätten unsere neue Seite gerne etwas mehr webmäßig umgesetzt.«

» Halb fertig

Kunde (laut): »Alles auf unserer Seite funktioniert nicht, die Grafiken werden nicht angezeigt, und alle Links sind kaputt.«
Ich: »Einen Moment, bitte.«
Zwei Minuten später:
Ich: »Also auf dem Preview-Server ist alles in Ordnung.«
Kunde (lauter): »Nicht auf dem Preview-Server, unsere richtige Seite!«
Ich: »Einen Moment, bitte.«
Wiederum zwei Minuten später:
Ich: »Sie haben bitte nicht den kompletten unfertigen Relaunch der Seite vom Preview-Server heruntergeladen und auf Ihren Webserver geladen?«
Kunde: »Doch, haben wir. Ist doch schon halb fertig.«

Internet **123**

❯❯ Doppelklick

Kunde: »Alle Links auf unseren Seiten sollen bitte nur mit Doppelklick zu öffnen sein. Ich benutze immer nur Doppelklicks.«

❯❯ Internetquiz

Ich: »Die Funktionalität des Quiz ist nun aufgesetzt. Hier können Sie sich einen ersten Eindruck von der Funktionalität verschaffen. Bitte beachten Sie, dass es sich hierbei lediglich um eine Voransicht ohne gestaltete Benutzeroberfläche handelt. Das endgültige Design wird zu einem späteren Zeitpunkt auf die Funktionalität gelegt.«

Eine Woche später. Einziges Feedback.

Kunde: »Hallo, ich bin mir nicht sicher mit dem Design, das ist so eckig und farblos.«

Alles unbrauchbar

Kunde: »Unser Onlinekatalog und der Printkatalog sind allesamt komplett unbrauchbar. Wir hatten eine Beschwerde von einem Kunden aus Oberstdorf, der die Seite nicht benutzen kann und den Katalog abbestellt hat. Haben Sie seine Beschwerde-E-Mail gelesen?«
Ich: »Ja.«
Kunde: »Und, was gedenken Sie zu tun?«
Ich: »Mit Verlaub, da kann ich wenig tun. Der Mann ist blind.«

 ## Google

Ich: »Nachdem wir Ihre Seite nun für Suchmaschinen optimiert haben, müssen wir zunächst ein klein wenig abwarten, bis Google vorbeigekommen ist und alle Seiten neu indiziert hat. Dies kann im schlechtesten Falle leider auch mal ein paar Wochen dauern.«
2 Wochen später:
Kunde: »Hallo, bitte fragen Sie bei Google doch noch einmal nach, wann die Herren bei uns vorbeikommen, bis jetzt ist noch niemand in unseren Räumlichkeiten vorstellig geworden. Vielen Dank.«

Suchmaschinenoptimierung

Ich: »... des Weiteren würde ich Ihnen anbieten, Ihre Seite für Suchmaschinen zu optimieren. Ziel der Suchmaschinenoptimierung ist es unter anderem, die Seite auf einem der oberen Plätze der Suchergebnisseiten von Google zu platzieren, außerdem...«

Kunde (unterbricht): »Jetzt wollen Sie mich doch verarschen. Unsere Seite wird nie ganz oben bei Google stehen, da unser Name nicht mit A anfängt.«

Frontpage
Kunde: »Haben Sie die Seite im IE5 getestet?«
Ich: »Ja, haben wir, das war ja Ihr ausdrücklicher Wunsch.«
Kunde: »Komisch, der Jobbereich wird nicht angezeigt.«
Ich: »Äh, wir haben vorgestern den gesamten Jobbereich auf Ihren Wunsch hin entfernt.«
Kunde: »Ach so, ja. Aber wir wollten den Bereich doch wieder drin haben. Wir haben ihn dann wieder eingefügt.«
Ich: »Sie haben bitte was?«
Kunde: »Kann es sein, dass es daran liegt, dass Sie Frontpage benutzen?«
Ich: »Wir benutzen nicht Frontpage.«
Kunde: »Ja, aber wir!«

 ## Komma 5
Kunde: »Können wir das Banner auf 280 × 60,5 Pixel vergrößern?«

Das zweite Internet
Ich: »Haben Sie schon irgendwelche Gedanken oder Ideen für Ihren neuen Internetauftritt, die wir berücksichtigen sollen?«
Kunde: »Ja. Wir wollen auf keinen Fall in das Internet, wo schon alle sind, wir dachten da an etwas Exklusiveres!«

KVA

Kunde: »Was kostet eine Website bei Ihnen?«
Ich: »Das kommt darauf an, welche Funktionen Sie sich wünschen. Das lässt sich pauschal nicht sagen.«
Kunde: »Und so grob über den Daumen gepeilt?«
Ich: »Hören Sie, stellen Sie sich das doch wie einen Autokauf vor. Da muss der Händler auch wissen, welches Modell und welche Ausstattung Sie möchten, um Ihnen einen Preis nennen zu können.«
Kunde (aufgeregt): »Nein, nein, Sie verstehen mich nicht! Ich möchte kein Auto, sondern eine Website!«

Facebook

Kunde: »Warum haben wir eigentlich noch keine Facebook-Seite von Ihnen bekommen?«
Ich: »Kein Problem, ich lege Ihnen gerne eine an. Wer von Ihnen ist denn schon bei Facebook?«
Kunde: »Niemand. Facebook ist Schwachsinn.«

Rot

Kunde: »Die Seite ist super geworden. Leider gibt es da noch einige Fehler. Wo ich auch hinklicke, färbt es sich sofort rot.«

Ich: »Das ist ungewöhnlich. Auch wenn Sie zum Beispiel auf einen Button klicken?«

Kunde: »Ja, völlig egal, wo ich hinklicke. Es wird alles rot.«

Ich: »Wir werden das sofort überprüfen. Können Sie mir bitte sagen, welchen Browser Sie benutzen?«

Kunde: »Wo sehe ich das?«

Ich: »Oben im Browser auf das Fragezeichen und dann ›Über‹.«

Kunde: »Ah ja, der Browser heißt Photoshop 7.0.«

Perfekt

Kunde: »Das ist perfekt! Super! Klasse! An der Webseite ändern wir gar nix mehr dran – bis auf diese vier Sachen ...«

Abnahme

Kunde: »Wir können das Projekt leider nicht final abnehmen, da unser Geschäftsführer keinen Internetbrowser installiert hat.«

Internet

Die beste Seite der Welt
Kunde: »Am liebsten möchte ich natürlich die beste und aufregendste Seite der ganzen Welt haben. Sie muss einzigartig sein! Seien Sie kreativ, ich lasse Ihnen völlig freie Hand. Toben Sie sich mal so richtig aus, mit allen technischen Finessen, die Sie kennen! Flash, HTML und 3D. Wir brauchen auch unbedingt tolle Filme auf der Seite! Was denken Sie?«
Ich: »Wow, also ... also, das hört man natürlich gerne. Was haben Sie denn für Vorstellungen vom Zeitaufwand und den Kosten?«
Kunde: »Bis nächsten Dienstag. Sagen wir, 500 Euro.«

———————————

 ## Briefing für Webseite
Kunde: »Scannen Sie einfach unsere Broschüre.«

Kundenwünsche

Kunde: »Können Sie machen, dass die Hintergrundfarbe der Seite alle zwei Sekunden wechselt?«

Ich: »Also, davon würde ich dringend abraten. Es wird die Nutzer verwirren, und außerdem wird es nicht besonders gut aussehen, denn es passt nicht zum Rest der Seite.«

Kunde: »Dann machen Sie einfach, dass der Rest der Seite sich auch ständig ändert. Bis morgen? Super, danke.«

Am Tag danach:

Kunde: »Das sieht ja schrecklich aus!«

Ich: »Das sagte ich Ihnen bereits.«

Kunde: »Warum machen Sie es dann, wenn Sie es bereits wussten?«

Ich: »Weil Sie mich nach Stunden bezahlen.«

 ## E-Card

Kunde: »Gut, und wie viel Porto kostet dann so eine E-Card?«

Browser

Kunde: »Ihr habt ja für den StudiVZ browser-optimiert, das ist doch gar nicht unsere Zielgruppe…«
Ich: »Äh…«

Auflösung

Kunde: »Die Seite, die Sie für uns gemacht haben, wird total falsch dargestellt.«
Ich: »Sagen Sie mir doch bitte, welche Bildschirmauflösung und welchen Browser Sie benutzen.«
Kunde: »Na, so um die 30 mal 25 Zentimeter. 'n großen Flatscreen halt.«

Zielgruppen

Kunde: »Bitte beachten Sie unbedingt, dass die beiden Mailings für zwei sehr unterschiedliche Zielgruppen bestimmt sind!«
Ich: »Sehr gerne, inwiefern sollen wir denn die 1000 Empfängeradressen nach Zielgruppen aufteilen?«
Kunde: »Na, senden Sie 500 das erste und den anderen 500 das zweite Mailing.«

Erstkontakt

Kunde (beim ersten Gespräch): »Haben Sie denn vielleicht die Texte, die auf die Website sollen, schon einmal vorbereitet?«

SEO-Optimierung

Kunde: »Ich habe nochmals unsere Website www.XYXY.de überprüft und festgestellt, dass wir gar keine SEO-Optimierung benötigen. Wir haben vor sechs Jahren alles eingerichtet und damals schon alles richtig gemacht.«
Ich: »Aha. Wie sind Sie denn vorgegangen? Wie haben Sie das überprüft?«
Kunde: »Ja, ich habe die letzten fünf Tage immer auf Google XYXY eingegeben, und wir waren jeden Tag an erster Stelle.«
Ich: »Unter Suchmaschinenoptimierung verstehen wir noch etwas anderes. Ihr Firmenname XYXY zum Beispiel hat nichts mit den tatsächlichen Produkten zu tun, die Sie anbieten. Genau auf diese Keywords wird die Seite mit allen Unterseiten regelmäßig optimiert und angepasst.«
Kunde: »Ja, aber wenn ich bei Google XYXY eingebe, bin ich immer auf Platz eins.«
Ich: »…«

Die Kollegen

Wie schön hat man sich das Berufsleben einst zu Lehr-
lings- oder Studienzeiten doch ausgemalt: Erfahrungen
sammeln, mit Kollegen zusammenarbeiten, die sich
wie man selbst ganz dem Job verschrieben haben, gemeinsam kreativ und erfolgreich sein. Überhaupt diese
Synergie! Inspiriert man sich doch gegenseitig, spornt
sich an, unterstützt sich und bildet eine Phalanx gegen
die neidvolle Konkurrenz.

Doch die Realität sieht anders aus. Und gerade wenn
man denkt, es geht nicht schlimmer, kommen die Kollegen her. Wenn einem im Büro Tag für Tag die gleichen
dummen Fragen aufgetischt werden oder man an der
Ladentheke vor dem Kunden bloßgestellt wird, weil der
Kollege mal wieder dringend Dampf ablassen muss,
dann heißt es Ruhe bewahren. Nichts ist ernüchtern-
der, als von vermeintlichen »Freunden« in peinliche
Situationen gebracht zu werden. Starke Nerven sind
gefragt, wenn der Chef einem beim Kundentermin den
Kopf tätschelt oder der Kollege das im Vertrauen er-
zählte Geheimnis brühwarm am Mittagstisch der Be-
legschaft unterbreitet.

Auch wenn es manchmal an grundlegenden Fertig-
keiten mangelt: Ironie und Sarkasmus beherrschen die

lieben Kollegen meist fließend. Da muss man aufpassen, dass man sich nicht ansteckt, sonst wird das Klima schnell leicht giftig.

Schlimm ist es, wenn der Ideenklau umgeht. Oder der Konkurrenzkampf nicht allein draußen auf dem Markt tobt, sondern auch im eigenen Office seine Blüten treibt. Gut gezielt ist halb gewonnen, denkt sich so mancher und steckt einem heuchlerisch: »Ich weiß nicht, was die anderen haben, ich fand deinen Entwurf gar nicht so schlecht!«

Am besten ist auch hier, Ruhe zu bewahren und das Ganze mit einem Lächeln auf dem Gesicht über sich ergehen zu lassen. In Zeiten der Finanzkrise ist man den verhassten Kollegen bestimmt eh bald los. Wobei einem dann jedoch nur noch die Kunden blieben, und wer will mit denen schon einen Kaffee trinken und dabei über den Chef lästern?

Und: Es gibt auch Ausnahmen. So mancher Kollege aus der Hölle erweist sich bei näherem Betrachten dann doch als gefallener Engel. Es kommt halt auf die Laune an.

Münchnerisch

Kollege: »Gibt es nicht irgendwas, womit wir es noch münchnerischer machen können?«
Ich: »Da steht ›Herzlichen Glückwunsch an die Münchner Filialen!‹ – reicht das nicht?«
Kollege: »Hm, meinst du, das versteht man als Münchner? Du bist doch einer.«

Logo

Dreizehnte Abstimmung über ein Logo mit meinem Vorgesetzten.
Ich: »So, hier habe ich nun die fertig bearbeitete finale Version.«
Kollege: »Hm, irgendwie ist der Fakt, dass das Logo wirklich kreativ, interessant und gut ist, genau das, was es so falsch macht.«

Verständnisinnig

Kollege: »Nur, damit wir uns nicht missverstehen: Wenn ich dieses www eingebe, kriege ich das Internet, ja?«

Arbeitsverweigerung
Kollege: »Mir ist langweilig.«
Ich: »Wir haben extra einen Freelancer auf das Projekt geholt, und jetzt hast du nichts zu tun?«
Kollege: »Ja.«
Ich: »Dann mach doch bitte ein paar Bannerideen.«
Kollege: »Keine Lust, die werden doch eh nicht genommen.«
Ich: »Dann hilf Kollegin zwei doch bitte bei ihrem Projekt.«
Kollege: »Nein, darauf bin ich nicht gebucht.«

 ## Die Ablage
Mein netter Kollege legt von mir zu bearbeitende Akten immer in meine Ablage. Er muss dafür an meinem Schreibtisch vorbeigehen und noch fünf Meter weiter. Anstatt sie direkt auf meinen Tisch zu legen, nimmt er diesen Weg jedes Mal in Kauf – muss ja alles seine Richtigkeit haben.

❯❯ Magic

Kollege (telefoniert mit Kunden): »Nein, natürlich müssen Sie keinen Cent für Änderungen zahlen, die Ihnen Freitagabend um 19 Uhr einfallen, nicht im Konzept vorgesehen sind und bis Montag 7 Uhr fertig in Ihrem CMS eingepflegt werden sollen. Dafür haben wir extra kleine Feen, Gnome und außerordentlich talentierte Schimpansen engagiert, die zwar zu dumm sind, sich in Gewerkschaften zu organisieren, aber komplizierte Online-Software so schnell und sauber entwickeln, als gäbe es kein Morgen. – Wollen Sie einen gesonderten KVA, oder schlagen wir es auf die Gesamtpauschale?«

❯❯ Wie lange?

Kollege: »Wie lange brauchst du für eine Website mit 14 Seiten?«
Ich: »Kommt drauf an, was da alles drauf soll. Ein paar mehr Informationen wären gut.«
Kollege: »Alles.«
Ich: »<ironie> Das geht schnell, das ist ja dann nur Copy und Paste. Zehn Minuten </ironie>«
Kollege: »Gut, danke, dann kalkuliere ich mit einer Stunde.«

Kreisrund

Kollege: »Ich habe das Kundenfeedback.«
Ich: »Sehr gut, her damit.«
Kollege: »Ist nicht viel. Er möchte den Kreis vom Störer etwas runder haben.«
Ich: »Es ist ein perfekter Kreis, wie soll ich den bitte runder machen?«
Kollege: »Lass dir was einfallen, ich hab's dem Kunden versprochen.«

Eine grandiose Idee

Kollege (aufgeregt): »Ich habe die Idee. Ich mache eine Art Nachrichtenseite, wo sich viele Menschen über das Internet zu verschiedenen Themen unterhalten können. Und dann verkaufe ich Platz für Werbeanzeigen.«
Ich: »Das klingt grandios, damit wirst du sicherlich sehr schnell sehr reich werden!«

Kurs

Ich: »… und was für Programme beherrschst du sonst noch?«

Kollege: »Ich hatte mal einen Kurs in Adobe.«

Ich: »Du meinst Adobe Photoshop?«

Kollege: »Nein, nur das Adobe.«

Schnell, gut und günstig

Kollege: »Kannst du das schnell, gut und günstig umsetzen?«

Ich: »Nein, es gibt nur drei Möglichkeiten: Gut und billig – geht nicht schnell. Gut und schnell – gibt es nicht billig. Schnell und billig – wird nicht gut. Such dir eine aus.«

Gepflegter Umgang

Gebrüllter Dialog zwischen zwei promovierten Physikern.

Physiker 1: »Ääy! Wem is'n der geile Moffa auf'm Hof?!«

Physiker 2: »Ich!«

Cronjob
Ich: »Sag mal, warum ist denn das automatische Back-up gestern nicht gelaufen?«
Kollege: »Oh, das hat wohl niemand gestartet.«
Ich: »...«

Fünf Viertel

Kollege: »Wir hätten auf dieser Seite bitte gerne insgesamt fünf viertelseitige Anzeigen.«

Eject

Ich: »Der Kunde fragt wiederholt nach den Daten, was ist denn da los bei euch?«
Kollege: »Unser Grafiker ist in Urlaub, und wir wissen nicht, wie wir die CD aus dem Mac bekommen sollen.«

Cerealien

Ich: »Schau mal hier, wie findest du den Entwurf? Hab eben die Typo überarbeitet.«
Kollege: »Hmm, find ich gut – aber ich mag die Cerealien nicht.«
Ich: »Du magst was nicht?«
Kollege: »Na da, die Großbuchstaben.« (Überlegt und fügt hinzu:) »Ach nein, das sind ja Serifen.«

Wireless

Kollege: »Hi, ich kann die Daten auf der externen Festplatte nicht finden. Irgendwie hab ich keinen Zugriff.«

Ich: »Hast du mal versucht, sie in einen anderen USB-Port zu stecken?«

Kollege: »Oh, ich wusste nicht, dass ich sie an den Computer anschließen muss.«

Inkompatibel

Kollege: »Ich kann diese Software von der IT nicht installieren. Die CD scheint defekt zu sein, oder sie ist nicht kompatibel mit meinem Betriebssystem, glaub ich.«

Ich: »Kommt eine Fehlermeldung bei der Installation?«

Kollege: »Jep. Da steht: ›Nicht genügend Speicherplatz auf der Festplatte‹.«

Schwarz-weiß

Kollege: »Dem Kunden gefällt das Layout sehr, nur die Kosten sind ihm zu hoch. Können wir ihm die Webseite nicht in Schwarz-weiß anbieten? Das ist doch dann billiger, oder?«

❯❯ Drag & Drop

Ich: »Soll diese Liste hier sortierbar sein?«
Kollege: »Ja, bitte per drip und drop sortierbar.«

❯❯ Runterladen

Kollege: »Was dauert denn der Download so lange?«
Ich: »Wie groß ist denn die Datei?«
Kollege: »5 GB!«
Ich: »Kein Wunder …«
Kollege: »Kannst du das nicht eben runterladen? Du hast doch den schnelleren Rechner!«

❯❯ Hilfslinien

Ich richte gerade Textblöcke eines komplexen Dokuments an Hilfslinien aus.
Kollegin (steht hinter mir): »Findest du das eigentlich schön mit den vielen rosa Linien? Ich find das 'n bisschen zu viel.«

Web 2.0

Kollege: »Wie komme ich eigentlich in dieses Web 2.0?«
Ich: »Ruf einfach beim Support an und lass dir deine Zugangsdaten geben.«

Monitorkabel

CEO (per Telefon): »Mein Monitor zeigt so komische Schlieren. Das ist ein untrügliches Zeichen dafür, dass er bald kaputtgeht!«
Ich: »Oder dass das Monitorkabel nicht ordentlich eingesteckt ist.«
Pause.
CEO: »Gut. Belassen wir es dabei.«

Pantone

Praktikant (6. Semester Grafikdesign, 2. Praktikum in einer Druckerei): »Du, wo stellt man bei dem Laserdrucker denn Pantone ein?«

Scannen

Kollege steht am Aktenvernichter und füttert ihn mit Akten.

Ich: »Wolltest du diese Unterlagen nicht bearbeiten?«

Kollege: »Jup, ich soll alles einscannen.«

CD

Im Büro des Kollegen (Abteilungsleiter).

Kollege: »Sehen Sie!« (deutet auf die Fehlermeldung) »Die CD, die Sie mir gegeben haben, funktioniert nicht. Da steht, der Computer kann die CD nicht lesen!!«

Ich: »Öffnen Sie mal das CD-Fach!« ...

Ich: »Andersrum einlegen!«

Besprechungsraum

Kollege: »Ist der Besprechungsraum schon gebucht?«

Ich: »Welche Woche?«

Kollege: »April.«

›› Small Talk

Kollege: »… und was arbeitest du?«

Ich: »Ich bin Entwickler.«

Kollege: »Super, ich wollte auch immer Entwickler werden, hab sogar 'nen Programmierkurs gemacht.«

Ich: »Cool, in welcher Sprache denn?«

Kollege: »Englisch.«

Ich: »Nee, ich meine, in welcher Programmiersprache.«

Kollege (aggressiv): »Englisch!«

Ich: »…«

›› Änderungen

Kollege: »Und? Wie gefallen dir die Änderungen? Gut, oder?«

Ich: »Na ja, ich hätte es anders gemacht, aber wenn du es so willst, ist das okay für mich.«

Kollege: »Was heißt okay für dich? Wenn ich sage, dass es besser so ist, dann ist das auch so!«

Ich: »…«

Kollege: »Und? Wie gefallen dir die Änderungen? Gut, oder?«

Ich: »…«

Verknüpfung

Kollege: »Mein Icon für den Adobe Reader ist vom Desktop verschwunden. Holen Sie bitte einen IT'ler, der das schleunigst wieder downloadet.«

Ich: »Das ist nur eine Programmverknüpfung, das kann ich Ihnen auch schnell machen.«

Kollege: »Nein, das können Sie nicht. Holen Sie den IT'ler.«

Große Sachen

Ich: »Auf der Homepage ist ein Fehler: ›Jetzt Online gestalten‹, da schreibt man ›online‹ klein.«

Kollege: »Egal ... Online ist 'ne große Sache.«

Briefing

»... ein Web-basiertes DOB-Premium-PoS-Lowprice-Mass-Customization-Showroom-Konzept mit First-Class-Service (Multichannel) im Markt zielgruppengerichtet und attention-catching-mäßig zu platzieren.«

Schlechte Erfahrungen

Kunde (in der Buchhandlung): »Haben Sie *Bad Sex*?«

Kollege: »Fragen Sie bei dem Kollegen in der Psychologieabteilung, der kennt sich damit aus.«

Computerfrage

Kollege: »Okay, aber man braucht einen Computer, um sich die Webseite dann anzusehen, oder?«

Der Dritte Mann

Kollege: »Frage: Kann ich den Satz wie folgt formulieren: ›Wir geben Rohmaterial prinzipiell nicht an Dritte weiter.«

Kollegin (nach kurzer Überlegung): »Nein, dann fragt man sich ja, wer der Erste und der Zweite ist!«

›› Datenporto

Kollege (tänzelt nervös vor dem Schreibtisch herum): »Wie lange dauert das denn mit dem CD-Brennen? Die muss per Post heute noch zum Kunden.«

Ich: »Noch knapp 15 Minuten, schätze ich.«

Kollege: »Gib mir mal 'ne leere CD, dann kann ich schon mal abwiegen, wie viel Porto ich draufmachen muss.«

Ich: »Das wird dir nichts nützen. Wenn die Daten drauf sind, ist die CD schwerer.«

Kollege: »Mist! Dann warte ich halt noch.«

›› Beschwerde

Kunde: »Ich möchte mich über Ihren Kollegen beschweren. Er hat einfach während des Gesprächs aufgelegt.«

Ich: »Oh, dafür bitte ich um Entschuldigung. Das ist eigentlich nicht unsere Art. Können Sie mir den Namen des Kollegen nennen?«

Kunde: »Keine Ahnung, wie das Arschl*ch hieß, das ich angeschrien habe, aber ich war noch nicht fertig mit dem Sausack!«

Aufruf

Dieses Buch zeigt alle bisher in meinen Blogs gesammelten Geschichten, aber ich hoffe, dass mit der Zeit noch viel mehr dazukommen. Ich freue mich nach wie vor über jede eingesandte Geschichte. Vielleicht reicht es ja irgendwann für ein zweites Buch?

Anregungen und Verbesserungen sind natürlich auch willkommen.

Geschichten an: anonym@ausderhoelle.de

Blog:
Kunden.ausderhoelle.de
Kollegen.ausderhoelle.de

Danksagung

Ich möchte zuerst allen danken, die mir ihre spannenden und lustigen Geschichten zugeschickt haben. Durch diese tollen Geschichten wurden die Blogs und dieses Buch überhaupt erst möglich. Es ist nach wie vor aufregend und sehr erheiternd diese Anekdoten zu lesen und sich in die teilweise sehr abstrusen Situationen hineinzuversetzen. – Ich habe täglich etwas zu lachen. Ich hoffe, dass noch viele weitere Geschichten folgen werden.

Ich danke meiner Familie für die Geduld und bedingungslose Unterstützung bei allem was ich tue, egal wie wahnsinnig ihnen diese Dinge manchmal erscheinen müssen. – Ich liebe euch. Dem Internet für die nie enden wollende Inspiration, den groben Unfug, der einem den Alltag erhellt (reddit, supertopic, damnyeah ftw), die Millionen Möglichkeiten sich selbst verwirklichen und tolle Kontakte knüpfen zu können. Zum Beispiel mit den grandiosen Menschen bei PIPER, die mir auf dem Weg zum eigenen Buch mit Rat und Tat zur Seite standen und es mir wirklich leicht gemacht haben. Ich danke außerdem Timm und Boris für die tatkräftige Unterstützung beim Erstellen der Blogs und allen anderen, die mir ihre Hilfe nicht nur angeboten, sondern diese auch geleistet haben. Vielen vielen Dank!